U0937236

广州市教育科学规划2022年度课题

“以实践研究为特征的教师适切性成长路径探索与实践”（课题编202213824）成果

教师适切性成长论纲

陈洪义 陈 燕◎著

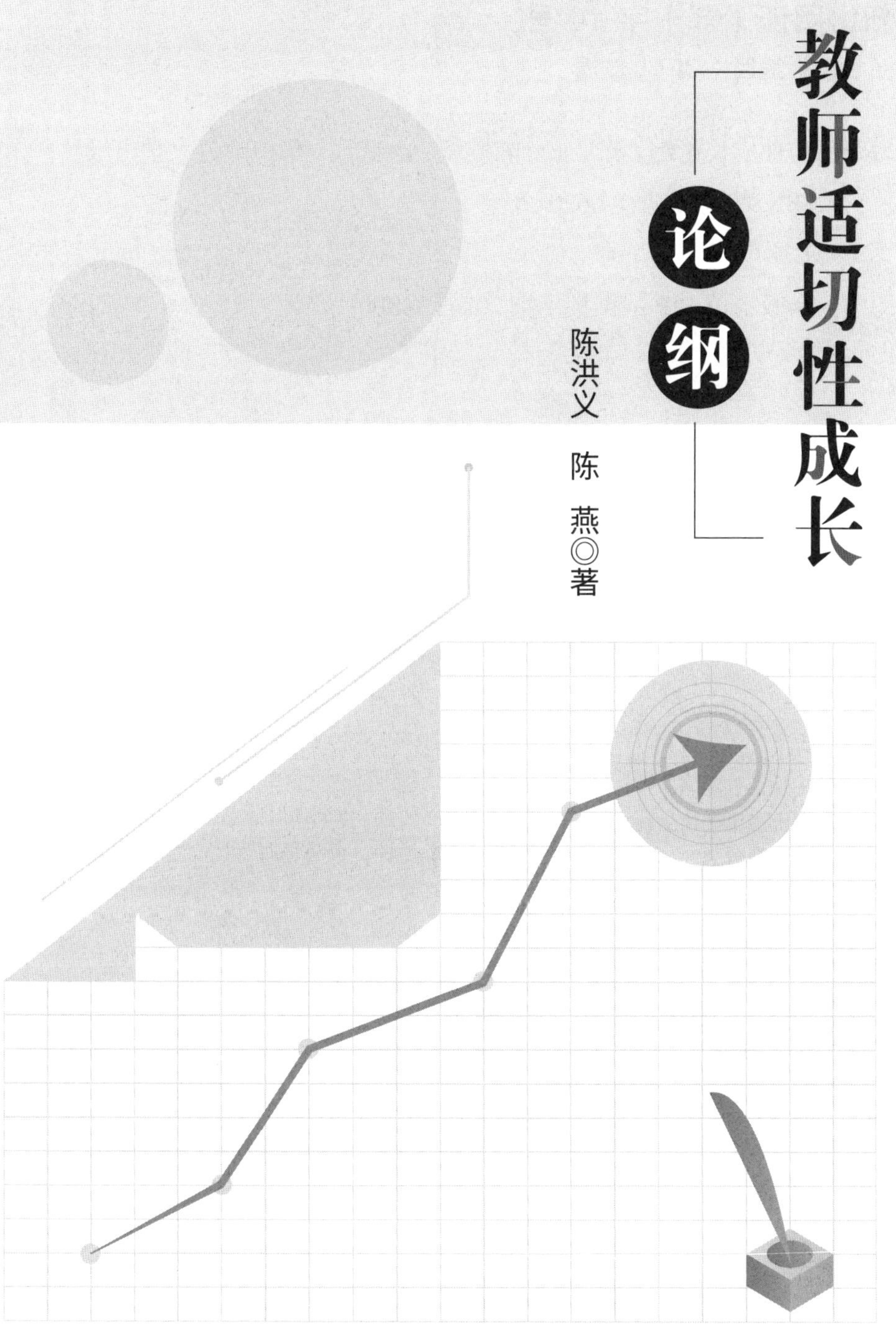

華中師範大學出版社

新出图证（鄂）字 10 号
图书在版编目（CIP）数据

教师适切性成长论纲 / 陈洪义，陈燕著 . -- 武汉：华中师范大学出版社，2024.9. -- ISBN 978-7-5769-0620-2

Ⅰ. G451.2

中国国家版本馆 CIP 数据核字第 2024V348B0 号

JIAOSHI SHIQIEXING CHENGZHANG LUNGANG

教师适切性成长论纲

出　　版：华中师范大学出版社
社　　址：武汉市洪山区珞喻路 152 号　　邮　　编：430079
策　　划：基础教育分社　　装帧设计：智诚源创
责任编辑：宋文静　　责任校对：肖　霞
电　　话：027-67863040（市场部）　027-67862387（编辑部）
传　　真：027-67863291　　邮　　购：027-67861321
网　　址：https://press.ccnu.edu.cn　　电子信箱：press@mail.ccnu.edu.cn
印　　刷：广东虎彩云印刷有限公司　　督　　印：刘　敏
字　　数：200 千字
开　　本：710mm × 1000mm　1/16　　印　　张：13
版　　次：2024 年 9 月第 1 版　　印　　次：2024 年 9 月第 1 次印刷
定　　价：58.00 元

欢迎上网查询、购书

PREFACE 前　言

教育是国之大计、党之大计。党的二十大以来，加快建设高质量教育体系，加快建设教育强国，办好人民满意的教育已成为我国教育事业发展的首要目标。“强教必先强师”①，加快教师队伍建设以及促进教师的适切性成长，对实现我国教育高质量发展具有重要意义。

《教师适切性成长论纲》是一本以教师适切性教研视角切入，探讨教师积极和有效开展教学研究，推动教师主动成长与发展的重要著作。本书将教师视为完整的个体，以教师的职业追求和专业成长为起点和终点，结合教育学、社会学、哲学等学科，深入研究教师教研、教师专业成长、教师职业理想、教师自我实现和超越等问题，研究教师适切性成长的机理，为教师适切性成长提供理论指导和实践参考，为教师教育改革和创新提供有益借鉴，助力教育高质量发展。

教师被誉为“人类灵魂的工程师”，传道、授业、解惑，肩负着培育人才、传播人类智慧与文明的重任。要培养什么样的学生，就需要什么样的老师。教师个人的专业成长与其职责同样重要。然而，面对日新月异的挑战和多样化的教师发展项目，教师们或迷失于知识的海洋，或彷徨于“工学矛盾”之中。如何让教师实现适切性成长以适应教育的不断发展和当今与未来社会的需求，已成为当前教师教育界需要冷静并深入思考的重要问题。要解决这个问题，除了持续不断地更新教师专业理念、提升专业知识与能力、发展专业素养等方法，更关键的在于重新审视教师专业成长的认识论与方法论，从根本上了

① 习近平在中共中央政治局第五次集体学习时强调　加快建设教育强国　为中华民族伟大复兴提供有力支撑 [N]. 人民日报，2023-05-30（1）.

解教师专业成长的本质与需求。因此，本书重点从教师适切性成长的内涵及价值、教师适切性成长的核心要素、促进教师适切性成长的路径三大方面来回答这个问题。

第一，关于教师适切性成长的内涵及价值。何为适切性成长？为何要适切性成长？这两个问题直接引向对教师专业成长的逻辑起点和价值观的思考，是开展教师专业成长活动的前提。长期以来，提升教育质量、因材施教、促进学生全面发展等外在因素一直是教师专业成长的主要目标，教师个体的生命成长等内在因素被严重忽视。本书认为，教师的适切性成长是从认识论及方法论层面探讨教师专业成长的，主要指教师在不断变化的环境中，通过不断积极探索、反思和调整自身的教育实践，以适应学生需求和社会发展要求，提升自身的教育能力和专业素养。不同于以往教师培养项目中教师所处的被动地位，教师的适切性成长是教师自我发展意识觉醒之后，主动寻求成长、实现个人价值归属的过程。教师在这个过程中同时获得专业幸福感。换而言之，教师的专业幸福感是教师适切性成长的重要目标之一，也是教师适切性成长的价值体现，而适切性成长是实现教师专业幸福感的重要支撑与方式。教师专业幸福感是指教师在专业发展过程中所获得的满足感和成就感，与教师个人的工作动力、教育效果等密切相关。本书将通过研究教师专业幸福感的内涵、影响因素及其与适切性成长的关系等，深度分析教师专业幸福感对于教师成长和整个职业生命的重要意义，进而明晰研究教师适切成长的价值。

第二，关于教师适切性成长的核心要素。“主动成长”“教师专业成长力”“教学学术”是教师适切性成长的关键词，也是本书的亮点所在。在当前教育发展的过程中，教师肩负职业人、社会人和个体人三重角色，承担了诸多责任。教师长期处于繁重的工作压力、被动学习和成长的环境之中，逐渐失去对自我成长概念的认知和追求，个体生命价值感需要增强。

本书将教师的主动成长意识作为教师适切性成长的重要内容。本书认为，主动成长是一种积极自主发展的价值观，以切实省思为行为取向，在不同发展阶段具有不同的发展内容与路径指向。而教学学术是促进教师专业成长的重要手段，把教师日常的教学实践视为学术，围绕学科教学的设计、实施、评价等学科育人问题，以适切性和学术化的学术行动，赋能教师成长，赋能教师教学。教师专业成长力是教师适切性成长的核心目标，也是本书重要的理论创新。本书认为，教师专业成长力是在教师专业实践中驱动教师专业发展的人、行为和环境等各类有效因素和有利条件的总和，是教师专业发展的诸多能量在教师自我专业期待基础上凝聚而成的正向潜能。教师专业成长力直接影响教师的自我效能和专业自觉，本书认为，可以通过中小学教学学术等推进教师主动成长，不断提升教师专业成长力，使教师最终成为主动成长型教师。

第三，关于促进教师适切性成长的路径。根据基础教育的特征与需求以及对教师专业成长的路径、方法与策略等研究，本书明确提出适切性教研将教师作为个体的人，对其展开以实践为特征的教学研究，是推动教师适切性成长，最终实现教师专业成长的重要路径之一。那么，如何开展实践导向的教师适切性教研呢？本书从教研的目标、方式、条件、成果四个方面分析适切性教研的内在机理，建构实践导向的教师适切性教研可视化路径和教师适切性教研行为系统，提出输入型教研、输出型教研、综合应用型教研三种教研样态，为教师适切性成长提供多样化的实践途径和方法。

从总体上看，实践导向、问题导向是教师适切性教研和适切性成长的重要原则之一。本书强调基于实践、围绕实践、为了实践的教师成长理念，引导教师从实践问题出发，通过实践研究和教育实验，解决实际教学中的问题，提升教师的实践能力和创新能力。同时，本书还将探讨教师如何将实践经验转化为教育理论和教学方法的有效结合，实现教学实践与理论研究的有机融合。乡村教师作为乡村教育振兴的重要力量，面临着特殊的教育环境和挑战，其适切性成长对于乡村教育的发展起着关键作用。本书也希望从乡村适切性教研角度切入，探讨乡村教师适切性成长的路径和策略，使乡村教师形成自我成长意识，不断提升自身教育素养、教学能力和专业幸福感，为乡村教育的发展提供一些借鉴。

模型建构与可视路径沟通理论与实践，中观思考与微观分析融合，形成本书的重要特色。本书搭起了理论与实践的桥梁，从教师的追求与梦想出发，探讨源于实践的问题，结合人学、社会学、哲学等多学科的观点，升华至理论层面的挖掘，并根据模型化建构、可视化路径分析形成实践问题的解决方案。关注教师本我与自我是本书的另一大特色。教师作为教育的关键人物，其自我成长动机和适切性成长路径对教育发展至关重要。本书主张摆脱“教师仅是教研的受益者角色”这一传统观点，将教师作为研究专业成长的重要人员，并参与专业成长规划与适切性教研过程，共同助力教师适切性成长。

本书是中小学教师专业发展与规划、教研员专业发展、区域教研发展指导等方面的重要参考。相信广大教师通过阅读本书，既能感悟教师专业成长之道，又能理解教师适切性成长的法与术。希望本书的出版能助力教师提升专业幸福感，帮助教师成为主动发展型教师，促进教育高质量发展。

陈　燕

2024 年 6 月于广州

目　录

CONTENTS

第一部分　教师适切性成长的内涵及价值

第二部分　教师适切性成长的核心要素

第三部分　教师适切性成长的路径

第一部分

教师适切性成长的内涵及价值

第一章　教师适切性成长

教师适切性成长是指教师在不断变化的教育环境中适应环境和发展自己的能力。它重点讨论了教师角色和责任的重要性，以及教师个人和职业素养的提升。因此，适切性成长对于教师的专业发展和个人成长都具有重要意义，同时也能使教师更好地满足学生的需求和教育的发展要求。

从认识论的角度来看，适切性成长是一种认知发展过程。教师通过不断学习和反思，不断更新自己的认知结构，以适应新的教育需求和挑战。这个问题涉及教育哲学的研究领域，探讨了教师在教育实践中的角色和影响力，以及教师个体的成长和发展。适切性成长是教师自身精神追求和自我成长实现的体现。因此，教师应该不断努力提升自己的专业能力和素养，不断更新自己的知识和教育理念，不断提高自己的教学水平。只有不断适应和发展自己，教师才能更好地满足学生的需求，推动教育的发展。

第一节　教师适切性成长的内涵

教师的适切性成长可以被定义为教师通过不断探索、反思和调整自身的教育实践，以适应学生的需求和社会的发展要求，提升自身的教育能力和专业素养。在这种成长过程中，教师将专业发展、个人成长和教育理念等方面的发展与适切的目标、路径和方式完整结合起来，以实现对学生有效指导和促进学生全面发展的目标。

教师的适切性成长强调了教师在教育实践中的主动性和反思性。教师需要积极主动地寻求适宜的方式来提升自身的教育能力，同时也需要不断反思和调整自己的教学方法和策略，以更好地满足学生的需求和适应社会的发展。这种成长过程是一个不断自我完善和不断进步的过程。

教师通过不断探索、反思和调整自身的教育实践，以适应学生的需求和社会的发展要求，提升自身的教育能力和专业素养，从而实现对学生有效指导和促进学生全面发展的目标。

举一个案例：

一个教师在教授数学时发现，学生对抽象概念的理解能力较弱，导致他们无法应用所学的知识解决实际问题。教师意识到自己的教学方法和策略无法有效地促进学生的学习和发展，于是，他开始进行适切性成长的探索和调整。

教师研究了一些与学生的成长规律和认知能力相匹配的教学方法，例如使用具体的实例和图像来解释抽象概念，给学生提供更多的实践机会，等等。他还参加了相关的专业发展培训，学习如何设计更具吸引力和互动性的课堂活动。

在实施新的教学方法后，教师开始观察学生的反应和学习成果。他发现学生对数学的理解和应用能力有了明显的提升，他们更加积极主动地参与课堂活动，并能够运用所学的知识解决实际问题。

通过这个例子，我们可以看到教师的适切性成长是一个持续的过程。教师意识到自己的教学方法的不足并主动寻求改进，通过学习和实践新的教学方法来提升自身的教育能力，以更好地满足学生的需求，促进学生的学习和发展。

教师适切性成长的过程还强调了适合教师个性差异的重要性。每个教师都具有独特的个性和特点，这些个性差异会影响教师的教育方式、教学风格以及与学生的互动。因此，在教师适切性成长的过程中，教师需要充分考虑自身个性差异，能够根据自己的个性特点和优势来发展自己的教育能力。

教师个性差异主要体现在以下几个方面：

首先，教师的教育理念和教学风格会受到个性的影响。有些教师可能更注重学生的自主学习和创造性思维，而有些教师可能更偏向于传授知识和纠正错误。教师应该根据自己的长项来选择适合自己和学生的教学方法和策略。

其次，教师的沟通和互动方式也会受到个性的影响。有些教师可能更外向和开放，更善于与学生建立良好的关系；而有些教师可能更内向和保守，在与学生的互动中表现得更为谨慎。教师应该根据自己的个性特点来选择适合自己和学生的沟通方式。

再次，教师的组织和管理能力也会受到个性的影响。有些教师可能更善于组织和管理教学活动，能够有效地安排学生的学习时间和学习进度，而有些教师可能更注重学生的自主发展，其组织和管理方式更加自由灵活。教师应该根据自己的个性特点来选择适合自己和学生的组织和管理方式。

总之，教师适切性成长需要考虑教师的个性差异，让教师能够根据自己的个性特点和优势来发展自己的教育能力。只有充分发挥教师的个性优势，教师才能更好地满足学生的需求，推动教育的发展。

举一个例子，说明教师的成长方式需要与个体差异相适合：

有两位教师，教师 A 和教师 B，他们都教授同一学科的课程。教师 A 是一位经验丰富的教师，已经在教育领域工作了十年，而教师 B 是一位新进教师，刚刚开始其教学生涯。

教师 A 意识到自己在课堂管理和组织方面的能力较为薄弱，便决定通过参加专业培训来提升自己在这方面的能力。他参加了一些培训和研讨会，学习了一些有效的课堂管理技巧和组织方法。他还与经验丰富的教师进行了交流，向他们请教一些实践经验。

教师 B 则意识到自己在学科知识的储备和教学方法的积累方面还有待增加，便决定通过深入学习学科知识和研究教学方法来提升自己的能力。他阅读了大量的与学科相关的书籍和研究论文，参加了相关的研讨会和学术会议，并与其他学科教师进行交流和合作，最终丰富了自己的学科知识和教学方法。

通过这个例子，我们可以看到，教师的成长方式需要与个体差异相适应。教师 A 和教师 B 在面对自身的不足时，采取了不同的成长方式。教师 A 注重提升自己的课堂管理和组织能力，而教师 B 则注重提升学科知识和改进教学方法。这是因为他们在教学经验和个人兴趣方面存在差异，因此选择了适合自己的成长方式。

这个例子表明，教师的成长方式需要结合自身实际情况和个体差异。每个教师都有自己的强项和需求，他们需要根据自己的情况选择适合自己的成长方式，以提升自己的教学能力和专业发展水平。

教师适切性成长是教师教育中的重要议题。它不仅关乎教师个人的专业发展和成长，更直接影响学生的学习效果。教师适切性成长的内涵丰富多样，体现在多个方面。

一是关于教师发展的内涵。教师适切性成长涉及逻辑学和认识论的相关内容。它探讨教师在教育实践中如何不断提升自身的教育能力和专业素养，主要体现了三个层面的教师发展。在专业发展层面，教师适切性成长强调教师在专业领域的不断学习和发展。教师需要不断更新教学方法和提升教育技能，以提高自身的教育能力和教学水平。这种专业发展不仅包括教师在学科知识上的深化，还包括教师在教育心理学、教育管理学等方面的知识补充，以更好地满足学生的需求。在个人成长层面，教师适切性成长还涉及教师个人的成长和发展。教师需要不断反思自己的教育实践，了解自己的教育信念、教育目标和教育价值观。通过个人成长，教师可以更好地理解和应对学生的需求，提供更有效的教育服务。在教育理念层面，教师适切性成长还涉及教师的教育理念。教师的教育理念是指教师对教育的基本认识和理解，以及对学生的教育目标和价值观的把握。教师适切性成长强调教师应该根据学生的需求和社会的发展变化，不断调整和完善自己的教育理念，以适应不同的教育环境和教育需求。

二是关于适切理念的内涵。适切性成长中适切是指教师在教育领域中追求成长和进步时，与自身实际情况相符合的一种状态。适切性的内涵体现在多个方面，包括教师的成长目标、成长方式以及成长过程中的多种因素等。从适切的角度来看，教师的成长目标、成长方式需要与教师实际相符，只有这样才能真正推动教师的成长。

首先，适切性的内涵体现在教师的成长目标与实际相符。教师的成长目标应该是根据自身的能力、经验、专业背景和学校的教育理念、目标等因素来制订的。教师应该明确自己的发展方向和目标，例如提高教学能力、深化学科知识、拓宽教育视野等。这些目标应该与自身的实际情况相符，不能过高或过低。如果教师的成长目标与教师的实际情况不相符，可能会导致目标无法实现或者偏离实际需求，导致教师无法真正提高自身教育教学质量。

其次，适切性的内涵体现在教师的成长方式与实际相适应。教师在追求成长的过程中，需要选择适合自己的成长方式，包括参加培训、研究教育理论、与同行交流等。不同的教师具有不同的实际情况和个人特点，所以选择合适的成长方式非常重要。教师应该根据自身的需求和条件选择适合自己的成长方式，不能盲目从众或者盲目追求新潮。如果教师的成长方式与实际情况不相适应，可能会浪费时间和资源，无法取得有效的成长效果。

再次，适切性的内涵还涉及成长过程中的多种因素。教师的成长是一个渐进的过程，需要不断地积累经验、反思实践、调整策略等。在成长过程中，教师需要关注自身的成长动力、学习风格、时间管理等，以确保成长的连续性和有效性。同时，教师还需要关注外部环境的变化和教育领域的发展动态，不断调整自己的成长策略和目标，以适应不断变化的教育需求。

可见，适切性的内涵包括教师的成长目标与实际相符、成长方式与实际相适应以及教师需要关注成长过程中的多种因素等。只有这样，教师的成长才能真正地推动教育的进步。适切性成长既是教师个体发展的需要，也是教育事业发展的需要。通过追求适切性成长，教师能够提升自身素质和能力，为学生的成长和社会的发展做出更大的贡献。

教师适切性成长是一个持续的过程，教师首先需要不断地学习和成长，以适应教育环境和学生需求的变化。这意味着教师需要保持学习的动力和积极性，不断更新自己的知识和教育观念。其次，教师适切性成长还是一个个体化和个性化的过程。每个教师都有自己的特点和需求，需要选择适合自己的发展路径和方式。这意味着教师应根据自己的兴趣、职业目标和个人特点，制订个性化的成长计划。再次，教师适切性成长是与教育实践紧密结合的，教师的成长需要在实际的教学过程中进行，通过实践中的反思和改进来提高自己的教育能力。最后，教师适切性成长是有目标导向的，教师需要明确自己的教育理念和教学目标，以确保教学的有效性和教育的质量。这意味着教师应设定明确的目标，制订可行的计划，并通过评估和反思来调整和完善自己的成长过程。

第二节　教师适切性成长的理论

适切性成长作为一个教育问题，涉及教师在不断变化的教育环境中如何适应环境和发展自己。从哲学的角度来看，这个问题涉及认识论和形而上学的议题。

适切性成长涉及认识论问题。认识论是研究人类认识和思维过程的哲学学科，它关注人类如何获取知识和理解世界。在教育环境中，教师需要不断学习和更新教育理论和方法，以更好地理解学生的需求和社会的变化。适切性成长要求教师具备主动学习和反思的能力，不断发展自己的认知和理解，以适应不断变化的教育环境。

适切性成长也涉及形而上学问题。形而上学是研究存在和实在的哲学分支，它关注世界的本质和真理。在教育环境中，适切性成长要求教师对教育的本质和目标有深刻的思考和理解。教师需要明确自己的教育观念和价值观，以及对学生的期望和要求，以便更好地把握教育的方向和目标，为学生提供更有效的成长助力。

总之，适切性成长作为一个教育问题，不仅涉及教师在不断变化的教育环境中如何适应环境和发展自己，还涉及认识论和形而上学的议题。教师需要具备主动学习和反思的能力，不断更新自己的认知和理解，同时也需要深入思考教育的本质和目标，以更好地满足学生的需求和教育的要求。适切性成长对于教师的专业发展和个人成长具有重要意义，能够帮助教师提高教学能力和专业素养，同时也能够更好地满足学生的需求和教育的要求。

教师适切性成长相关的理论依据主要包括：

一是反思实践理论。反思实践理论是美国教育学家约翰·杜威提出的一种教育理论，它强调了教师通过反思自己的实践经验，不断调整和改进自己的教学策略和方法，从而实现个人和专业的成长。该理论认为，教师应该通过深入思考和分析自己的教学实践，从中发现问题和挑战，并通过不断反思和改进来提高自己的教学效果。

首先，反思实践理论强调了教师对自己的实践经验进行反思和分析的重要性。通过反思，教师能够深入思考自己的教学行为、教学策略和教学效果，发现自己的盲点和不足之处。这种反思能够帮助教师意识到自己的教学问题，并激发教师改进和发展的动力。其次，反思实践理论能够帮助教师调整和改进自己的教学策略和方法。通过反思，教师能够发现自己的教学中存在的问题，并思考如何通过改变教学策略和方法来解决这些问题。教师可以从自己的实践经验中汲取教训，寻找更加适合学生学习的教学方式，进一步提高教学的适切性。再次，反思实践理论还能够促进教师的专业成长。通过反思，教师能够不断地更新自己的教学知识和教学观念，提高自己的教学能力和专业素养。教师可以通过与其他教师的交流和合作，共同研究和解决教学中的问题，从中获取新的教学策略和方法，进一步提升自己的教学水平。

反思实践理论对教师的适切性成长具有重要的意义。教师通过反思自己的实践经验，能够深入思考和分析自己的教学行为和教学效果，发现问题和挑战，并通过调整和改进自己的教学策略及方法来提高教学水平。通过反思，教师能够不断更新自己的教学知识和教学观念，与其他教师进行合作和交流，共同研究和解决教学中的问题，进一步提升自己的教学能力和专业素养。因此，反思实践理论为教师的适切性成长提供了有力的支持和指导。教师通过反思自己的教学实践，能够不断改进和发展自己的教学能力，取得更好的教学效果。

二是社会认知理论。社会认知理论是由美国心理学家阿尔伯特·班杜拉提出的一种心理学理论，它强调教师通过观察他人的行为和经验来学习和模仿他人的教学技巧和方法的重要性。根据社会认知理论，教师可以通过观察他人的成功经验和行为模式，来获取新的教学知识和技能，进而提高自己的教学水平。

从理论内容的角度来看，社会认知理论强调教师通过观察他人来学习和模仿他人的教学技巧和方法。这种观察包括直接观察其他教师的教学实践，以及观察其他教师的教学资源和教学材料。教师可以通过观察他人的成功经验和行为模式，学习到新的教学策略和方法，并将其应用到自己的教学实践中。通过这种学习和模仿，教师可以不断提高自己的教学水平，以便提供更好的教育服务。

社会认知理论对教师的成长具有重要的意义。首先，通过观察他人的教学实践，教师可以获取更多的教学经验和教学技巧。教师可以观察其他教师在教学中的成功案例，了解他们的教学方法和策略，从中学习到适合自己的教学技巧，并将其应用到自己的教学实践中。这种学习和模仿能够帮助教师提高自己的教学水平，以便提供更好的教育服务。其次，社会认知理论能够促进教师之间的交流和合作。通过观察他人的教学实践，教师可以与其他教师进行交流和合作，共同研究和解决教学中的问题。教师可以通过分享自己的教学经验和教学方法，与其他教师互相学习和借鉴，共同提高教学水平。这种交流和合作能够促进教师专业成长，提高整个教育团队的教学质量。

三是学习社区理论。该理论由美国教育学家埃蒙斯·韦格纳提出，认为教师应通过与其他教师的合作和交流，共同研究和解决教学中遇到的问题，从而实现个人和群体的成长。学习社区理论是一种关于教师成长和发展的理论框架，它强调了教师通过参与学习社区，与其他教师进行合作和交流，共同研究和解决教学中遇到的问题，从而实现个人和群体的成长。这个理论认为，教师在学习社区中能够分享教学资源和经验，相互支持和激励，促进教师之间的互动和合作，进一步提高教师的教学能力和专业素养。学习社区理论与教师适切性成长之间存在密切的关系。首先，学习社区提供了一个教师进行专业交流和合作的平台，教师可以在这个社区中分享自己的教学经验和教学资源，与其他教师共同探讨和解决教学中遇到的问题。通过与其他教师的互动和合作，教师能够从他人的经验中学习，获取新的教学策略和方法，进一步提升自己的教学能力。其次，学习社区也能够为教师提供支持和激励，帮助教师消除教学中的困惑。在学习社区中，教师能够得到他人的认可和鼓励，分享自己的成功经验和教学成果，从而增强自信心和动力，更加积极地投入教学实践中。此外，学习社区还能够促进教师之间的互助和合作，形成一个相互支持和学习的群体。在学习社区中，教师可以观摩和评价彼此的教学实践，提供建设性的反馈意见，帮助对方发现自己的盲点和不足之处，进一步改进和发展自己的教学技能。

四是专业发展理论。专业发展理论是由美国教育学家谢拉·鲍尔提出的一种教师发展理论，它强调了教师应该通过参加专业发展活动，如研讨会、培训课程等，不断更新自己的教学知识和技能。根据专业发展理论，教师需要不断地学习和掌握最新的教育理论和教学方法，以适应不断变化的教育环境和学生需求。

从理论内容的角度来看，专业发展理论强调了教师通过参加专业发展活动来更新自己的教学知识和技能。这些专业发展活动包括研讨会、培训课程、教育研究等。教师可以通过参加这些活动，与其他教师和教育专家进行交流和学习，获取最新的教育理论和教学方法。通过这种学习和更新，教师可以不断提高自己的教学水平，以便提供更好的教育服务。

专业发展理论对教师的成长具有重要的意义。首先，通过参加专业发展活动，教师可以获取更多的教育知识和教学技能。教师可以通过参加研讨会、培训课程等活动，了解最新的教育理论和教学方法，学习到适合自己的教学技巧，并将其应用到自己的教学实践中。其次，专业发展理论能够促进教师之间的交流和合作。通过参加专业发展活动，教师可以与其他教师和教育专家进行交流和合作，共同研究和解决教学中的问题。教师可以通过分享自己的教学经验和教学方法，与其他教师互相学习和借鉴，共同提高教学水平。

五是个人构建理论。该理论由美国教育学家劳伦斯·斯特恩提出，认为教师应该根据自己的教学经验和学习需求，选择适合自己的学习方式和路径，进行个性化的教学成长。这一理论强调了教师的主体地位，认为每个教师都有自己独特的教学风格和需求，应该根据自己的特点和需要来选择适合自己的学习方式和路径。

首先，个人构建理论强调了教师的自我反思和评估。教师应该对自己的教学实践进行反思和评估，发现自己的不足之处，并且寻找解决问题的方法。通过自我评估，教师可以了解自己的教学需求和学习方向，从而选择适合自己的学习方式和路径。例如，教师可以通过观察学生的学习情况和听取学生的反馈来评估自己的教学效果，从而调整教学内容和教学方法。

其次，个人构建理论强调了教师的自主学习和自我发展。教师应该根据自己的学习需求和兴趣，选择适合自己的学习方式和路径。例如，有些教师可能喜欢通过阅读教育学相关的书籍和论文来进行学习，而有些教师可能更喜欢参加教育学的研讨会和培训班来进行学习。个人构建理论强调了教师的自主性，认为教师应该根据自己的特点和需求，选择适合自己的学习方式和路径，进行个性化的教学成长。

此外，个人构建理论也强调了教师之间的互动和合作。教师可以通过与同行的交流和合作，分享教学经验和教学方法，互相借鉴和学习，促进彼此的成长和发展。例如，教师可以与其他学科教师进行跨学科合作，通过多学科的整合来提高学生的综合素质和学习能力，同时丰富自己的教学经验，促进自身个性化学习和成长。

根据黑格尔的哲学观点，教育是实现个体自由和自我实现的重要途径。适切性教研可以帮助教师不断完善自己的教学方法和教育理念，从而更好地满足学生的需求。在黑格尔的哲学体系中，理性和历史是密不可分的。教师的适切性教研可以被视为理性的一种表现。通过不断反思和改进自己的教学实践，教师能够更好地理解学生的需求和背后的历史背景。这种反思和改进可以使教师逐渐成长，进而提高自己的教学能力。另外，适切性教研和成长也符合黑格尔的辩证法思想。辩证法认为，事物的发展是由矛盾的对立面相互作用而产生的。适切性教研和成长可以帮助教师更好地应对教育活动中的多种矛盾和对立，进而促进教育的发展。

因此，从理性和辩证法的角度来看，教师的适切性教研和适切性成长紧密相关是有一定理论依据的。这种不断反思和改进可以提高教师的教学能力，使教育更加符合学生的需求，推动教育的进步。

第三节　教师适切性成长的路径

教师的适切性成长是指教师根据自身的特点和需求，通过不断学习和发展来提高自己的专业素养和教育能力。教师适切性成长的路径很多，以下是一些常见路径：

持续学习：教师应该保持持续学习的习惯，通过参加专业培训、研讨会、学术会议等方式，不断更新自己的教育理念和教学方法，了解最新的教育研究成果和教学资源。

反思、总结：教师应该经常对自己的教学实践进行反思和总结，思考哪些方面需要改进和提高，以及如何更好地满足学生的需求和促进他们的学习发展。 教师可以主动向同事、学生和家长寻求反馈意见，了解自己的优点和不足之处，从中获得启发和改进的方向。

加入专业网络社区：教师可以加入教育相关的专业组织、社群或论坛，与其他教师进行交流和分享经验，从中获得支持和启发。

开展行动研究：教师可以选择一个自己感兴趣的教育问题进行深入研究，通过实践和反思来探索新的教学策略，改进自己的教学实践。

接受项目挑战：教师可以主动承担一些新的教学任务或项目，如组织学校活动、参与课程改革等，通过挑战自我来促进自身的成长。

追求专业晋升：教师可以通过参加教师评估、晋升考试、攻读教育硕士学位等方式来促进自己的专业发展，提高自己的教育水平，实现专业晋升。

建立个人发展计划：教师可以制订个人发展计划，明确自己的职业目标和发展方向，并制订相应的学习和行动计划。这可以帮助教师有针对性地选择适合自己的学习资源和培训机会。

观摩其他教师的课堂：教师可以定期观摩其他教师的课堂，学习他们的教学方法和技巧。通过观摩可以获得新的教学灵感和思路，同时也可以与其他教师交流和分享经验。

参与教学团队合作：教师可以主动参与教学团队的合作，与其他教师共同研究和探讨教育问题，相互学习和支持。教学团队可以提供一个良好的学习和成长环境，促进教师的专业发展。

创新教学实践：教师可以尝试采用新的教学方法和策略，创新自己的教学实践。例如，运用技术辅助教学、开展项目式学习、探索个性化教育等，通过创新实践来提高教学效果。

进行教育研究和写作：教师可以积极参与教育研究和写作，撰写教学案例、教学论文或教育专著，分享自己的教学经验和研究成果。这不仅可以促进自身的学习和成长，还可以为其他教师提供有益的参考和借鉴。

建立自我管理和反馈机制：教师可以建立良好的自我管理和反馈机制，定期对自己的学习和成长进行评估和反思。例如，制订学习计划、记录学习心得、进行自我评估等，以便及时调整和改进自己的学习方式和目标。

培养多元化的教育视野：教师可以积极培养多元化的教育视野，关注国内外教育动态和教育领域的前沿发展。通过了解不同国家和地区的教育实践和教育理论，拓宽自己的教育思维和教学观念。

教师适切性成长的路径是一个多元化的过程，需要教师不断地学习、实践和反思。知识输入型成长、思维输出型成长和综合应用型成长三个成长类型并不是孤立的，而是相互关联、相互促进的。教师在适切性成长的过程中，需要综合运用这三个成长类型，不断地学习、实践和反思，以提高自己的教学水平，适应不断变化的教育环境。

知识输入型成长：这个类型主要强调对已有知识和信息的获取和理解。在这个路径中，需要积累和学习相关的知识，例如通过阅读书籍、参加课程、听讲座等方式获取新的知识输入。然后，需要对这些知识进行整理和理解，建立起对相关概念、理论和原理的认知。这个过程中，重点是获取和吸收知识，以便后续的思考和应用。

（1）参与专业培训和学习：教师可以参加各类专业培训和学习活动，获取新的教育理论和知识，提升自己的学科知识和专业素养。

（2）阅读教育相关书籍和期刊：教师可以通过阅读教育相关书籍和期刊，获取最新的教育研究成果和教学方法，拓宽自己的教育视野。

（3）参与在线课程教育：教师可以利用互联网和在线学习平台，参与在线课程，获取新的教学资源和教学技巧。

思维输出型成长：这个类型强调对知识的思考和运用。在这个路径中，需要对已有的知识进行整合和加工，形成自己的思维模型和理解框架，需要运用逻辑思维、批判性思维、创造性思维等思维方式，对知识进行分析、评价和推理。教师通过思维的输出，进一步深化对知识的理解，并形成自己的观点和见解。

（1）参与教学合作：教师可以与其他教师进行教学团队合作，共同研究和探讨教育问题，通过交流和合作来激发自己的思维和创新能力。

（2）创新教学实践：教师可以尝试采用新的教学方法和策略，通过创新实践来提高教学效果，培养自己的教育创新能力。

（3）参与教研写作：教师可以积极参与教育研究和写作，撰写教学案例、教学论文或教育专著，通过思考和表达来深化自己的教育思维和理论。

综合应用型成长：这个类型注重将知识和思维应用于实际问题和情境。在这个路径中，需要将已有的知识和思维能力应用到具体的实际问题中，解决现实生活中的挑战和困境。这个过程中，需要将理论转化为实践，将抽象的概念和原理应用到具体的情境中，解决问题并取得实际成果。

（1）观摩其他教师的课堂：教师可以定期观摩其他教师的课堂，学习他们的教学方法和技巧，将观摩所得的经验和思考应用到自己的教学实践中。

（2）建立个人发展计划：教师可以制订个人发展计划，明确自己的职业目标和发展方向，并制订相应的学习和行动计划，将学习和实践有机地结合起来。

（3）培养多元化的教育视野：教师可以积极培养多元化的教育视野，关注国内外教育动态和教育领域的前沿发展，将不同的教育理念和实践进行综合应用。

三个成长类型相互关联又各有侧重点。知识输入型成长强调教师获取和理解知识的能力。这个类型关注教师通过学习和积累知识来丰富自己的教育背景和学科知识。教师需要不断学习新的知识，掌握学科领域的基本概念、理论和方法。这种成长侧重于教师对于学科知识的积累和理解，以及对于学科发展和前沿的关注。教师通过不断学习和更新知识，提升自己的专业素养和学科水平。思维输出型成长强调教师对知识的思考和加工能力。这个类型关注教师对于所学知识的思考、分析和整合。教师需要通过思考、推理和创造，形成自己的观点和见解。这种成长侧重于教师的思维能力和创造力的培养，以及教师对于学科知识的深度理解和批判性思维的发展。教师通过思维输出，提升自己的问题解决能力。综合应用型成长强调教师将知识和思维应用于解决实际问题的能力。这个类型关注教师将所学知识和思维方法应用于实际教学场景。教师要能够将学科知识和思维方法应用于实践，解决教学中遇到的问题。

综合来看，知识输入型成长、思维输出型成长和综合应用型成长相互关联，构成了一个完整的学习和应用的循环。教师的适切性成长要求教师具有灵活性和适应性，能够随着时代的变化和学生需求的变化而调整自己的教学方式。

举几个成长案例：

知识输入型成长：一位历史学科老师参加了一个专业研讨会，学习了最新的历史研究成果和学术观点。他通过阅读相关文献和参与讨论，扩充了自己的历史知识储备。例如，他学习了最新的历史文献和研究方法，以提供更准确和全面的历史知识给学生。

思维输出型成长：一位历史学科老师参加了一个教学研讨会，与其他历史教师分享了自己的教学经验和教育观点。在这个过程中，他能够通过交流和互动来深化对历史教学的理解，并从其他老师的反馈和建议中得到启发和改进。例如，他分享了一种有效的历史思维导图方法，并通过与其他老师的讨论，进一步完善了这个方法。

综合应用型成长：一位历史学科老师通过实践和反思，将多种历史教学方法和资源整合到自己的教学实践中。他不仅关注学生的历史知识掌握情况，还注重培养学生的历史思维和分析能力。例如，他在课堂上采用了案例分析和讨论的方法，让学生参与到历史事件的探究中，培养了学生的批判性思维和历史思考能力。

这些例子展示了历史学科老师在不同类型成长中的具体实践，通过这些实践提高历史教学质量和学生的历史素养。需要注意的是，历史学科老师的成长是一个综合的过程，需要不断地学习、思考和实践。

适切性成长还要求教师具备批判性思维和反思能力。教师应该不断反思自己的教学效果和方法，从学生的角度出发，审视自己的教学是否有效，是否能够激发学生的学习兴趣和潜力，这就需要教师在教研上发力和赋能。

首先，教研可以帮助教师深入思考自己的教学方法和策略是否符合教学规律。通过与同行的交流和分享，教师可以了解不同的教学观点和实践经验，从中获得启发和借鉴。同时，教师还可以通过教研的过程来不断质疑和验证自己的教学方法，以确保其符合教学规律。

其次，教研可以帮助教师拓宽专业视野和知识面。在教研过程中，教师会接触各种教学资源和学术研究成果，这些都可以丰富教师的专业知识和教育理念。教研正是教师获取知识的重要途径之一。通过与其他教师的交流和合作，教师可以不断学习和成长，提升自己的教育水平。

再次，教研可以促进教师自我反思能力和思辨能力的培养。在教研过程中，教师需要不断思考和探索问题的本质，对自己的教学行为和实践进行复盘和反思是培养教师思辨能力的重要途径之一。这种思辨，可以帮助教师深入理解教育的本质和意义，增强教育责任感。

最后，教研可以促进教师的自我提升和职业发展。通过教研，教师可以不断改进自己的教学方法和策略，提高教学效果，获得学生和家长的认可和赞赏。同时，教研还可以为教师提供参与学术研究和教育改革的机会，拓宽职业发展的空间。

此外，要想发挥教研的作用，教师还需要以适切为理念，即选择适切性教研。适切性教研是一种注重实践和科学的教学研究方法，能够帮助教师解决实际问题，提高教育质量，其核心理念是从实际问题出发，通过研究问题的学理根本，找到解决问题的方法。在教育领域，很多教学策略和方法都是基于理论而不是实践，这导致理论和实践之间的脱节，使得教学效果无法得到充分提升。适切性教研强调从实践中发现问题，并通过科学研究来解决这些问题。这种方法能够确保教学研究的有效性和实用性，从而提高教育质量。

第二章　教师专业幸福感

教师的专业幸福感来源于他们对教育事业的热爱和投入。当教师看到自己的努力使得学生取得进步和成长，看到学生在学习和生活中有了积极的变化，他们会感到无比满足和快乐。同时，教师也能够从学生身上获得自信和认可，这种成就感和荣誉感将进一步增强他们的专业幸福感。教师的成长与专业幸福是一体两面的。通过不断学习和提升自己的教育水平，教师可以实现自己的成长，并从中获得专业幸福感。这种成长和幸福感将进一步推动教师的发展，促使教师为教育事业做出更大的贡献。

第一节　教师专业幸福感的内涵

教师的专业幸福感，是教师在教育实践过程中的内心感受，是教师实现个人教育目标和价值时，获得满足感和幸福感的心理状态。它是一种源自内心深处的喜悦，能让教师在教育的舞台上熠熠生辉。教师的专业幸福来自对教学工作的热爱和认同。当教师燃起对教育的激情，将知识的火花传递给学生，他们会感受到一种无以言表的幸福。这份幸福源自教师内心深处的光芒，让他们如同一颗明亮的启明星，足以照亮学生前行的道路。教师的专业幸福感也来自学生学习的进步。当教师看到学生在他们的悉心指导下茁壮成长，取得优异成绩和学业发展时，他们会感到一种无比的喜悦和自豪。这份喜悦如同彩虹般绚丽多彩，让教师的内心荡漾着幸福的波澜。同时，教师的专业幸福感还源自对自身能力和专业发展的肯定。当教师在不断追求卓越、提升自己的教育水平、完善自己的教学方法的过程中，看到自己的成长与进步时，他们也会感到自己的努力没有白费。这份自我认知和肯定如同春天的微风，轻轻拂过教师的心田，让他们感到无比的满足和幸福。

然而，教师的专业幸福感也是一种个性的主观体验，与个体的工作满意度、自我效能感、工作环境适应和支持等因素都息息相关。当教师工作在一个充满支持和认可的环境中时，他们更容易获得专业幸福体验。这份支持如同春天的阳光，温暖着教师的心灵，给予他们无尽的动力和勇气，让他们在幸福的舞台上绽放光彩。

因此，学校要创造向上的环境，让教师不断获得自我实现和超越；教师也要怀揣进取的心态，珍视教师这份崇高的职业。

专业幸福感是教师在工作中获得的满足感、成就感和幸福感的主观体验。这种感受源于教师对于自己的工作内容、工作环境和工作条件的满意程度，以及对自身能力和职业发展的认同和肯定。专业幸福感可以通过教学成果的反馈、学生的进步和成长、与同事和家长的良好关系等方面得到体现。它是教师工作中的一种积极情感反应，对于增加教师的工作动力和提升教学质量都具有非常重要的作用。

教师的专业幸福感是教师在教学工作中所体验到的满足感和幸福感。这个概念与许多理论有内在关联，其中包括马斯洛需求层次理论、自我决定理论、工作特征模型等。这些理论提供了不同的视角和解释，帮助我们理解和提升教师的专业幸福感。

首先，马斯洛需求层次理论认为，人类的需求可以按照层次结构进行分类。教师的专业幸福感与满足心理需求密切相关。马斯洛将需求分为生理需求、安全需求、社交需求、尊重需求和自我实现需求。只有当教师的这些需求得到满足，他们才能够在工作中感到满足和幸福，进而全身心地投入到教学工作中，为学生的成长和发展做出更大的贡献。其次，自我决定理论认为，人类具有自主性的心理需求。教师的专业幸福感与满足这些自主性需求密切相关。自我决定理论提出了三种基本的心理需求：自主性、能力感和人际关系。当教师在教学中体验到自主性、感受到自己的能力和技能得到发挥或施展，并与同事和学生建立良好的人际关系时，他们将更有可能感受到专业幸福感。最后，工作特征模型认为，工作特征对于工作满意度和幸福感的产生具有重要影响。

教师的专业幸福感与工作特征的匹配程度密切相关。工作特征模型提出了五个核心工作特征：技能多样性、任务整体性、任务重要性、任务自主性、反馈。当教师的工作具有足够的挑战性和自主性，并能够得到及时反馈和认同时，他们将更有可能感受到专业幸福感。然而，需要注意的是，教师专业幸福感是一个复杂的概念，受到多种因素的影响。除了上述理论以外，还有其他因素，如工作环境、工作压力、薪酬待遇、学生表现等，也会对教师的专业幸福感产生影响。因此，理论只是其中的一部分，我们需要综合考虑多种因素，采取综合性的措施来提升教师的专业幸福感。

综上所述，教师的专业幸福感是一个重要的概念，通过马斯洛需求层次理论、自我决定理论和工作特征模型等理论的研究，我们可以更好地理解和提升教师的专业幸福感。同时，由于教师专业幸福感是一个复杂的概念，受到多种因素的影响，我们需要综合考虑多种因素，采取综合性的措施来提升教师的专业幸福感，以进一步提高他们的工作满意度和教学质量。

第二节　教师专业幸福感的产生

教师作为一种职业，承担着培养下一代的重任。他们不仅需要传授知识，还需要引导学生全面发展素质。然而，教师的工作并不仅仅是一份职业，更是一种使命和责任。教师的专业幸福感可以通过专业实践中的专业发展、职业理想实现、自我成长与超越、社会认可与尊重获得。

首先，教师的专业幸福感与专业发展密切相关。教师通过不断学习和提升自己的教育技能，能够更好地应对教学中的各种挑战。随着时间的推移，教师可以逐渐形成自己的教学风格和独特的教育理念。他们可以参加各种教育培训、研讨会和教学研究，了解最新的教育理论和方法。通过与其他教师的交流和合作，教师能够借鉴他人的经验和教学技巧，不断提升自己的教学能力。专业发展不仅能够提升教师的专业水平，还能够增加教师在工作中的成就感和满足感。当教师看到自己在教学中不断进步和成长时，他们会感到莫大的满足，意识到自己的努力和付出是有价值的。这种成就感将进一步激发教师对教育事业的热爱和投入，使他们更加努力地去培养学生的能力和素质。此外，专业发展还能够给教师提供更多的机会和挑战，使他们保持学习的状态。教师可以通过参加教育研究项目、发表论文和参与学术交流，与其他领域的专业人士进行合作和互动。这些经历不仅能够拓宽教师的视野，还能够促使他们不断改进教学方法。教师在专业发展的过程中，不仅能够提高自己的教学水平，还能够为学生提供更优质的教育资源和教学环境。总而言之，教师的专业幸福感与专业发展密切相关。通过不断学习和提升自己的教育技能，教师能够更好地应对教学中的各种挑战，并形成自己独特的教育理念和风格。专业发展不仅能够提升教师的专业水平，还能够增加教师在工作中的成就感和满足感。同时，专业发展也能够为教师提供更多的机会和挑战，使他们能够持续地学习。只有不断追求进步和成长，教师才能真正体验到教育事业带来的满足感和幸福感。

其次，教师的专业幸福感与职业理想实现息息相关。教师选择这个职业，往往是出于对教育事业的热爱和追求。他们希望能够通过自己的努力，影响和改变学生。教师的职业理想是他们追求幸福感的动力源泉，也是他们在工作中坚持不懈的原因。教师的职业理想可以是培养学生成为德智体美劳全面发展的时代新人。他们希望能够通过自己的教育工作，为社会的进步和发展做出贡献。这种职业理想激发了教师对教育事业的热情和动力，使他们能够克服各种困难，迎接各种挑战，不断追求教学的卓越和创新。教师的职业理想也可以是培养学生的人格和价值观，帮助学生树立正确的人生观和价值观。教师深知自己的教育使命，他们希望能够在学生的成长过程中起到积极的引导作用，帮助学生树立正确的道德观念。这种职业理想使教师更加关注学生的综合素质培养，注重培养学生的道德品质和社会责任感。教师的职业理想还可以是激发学生的学习兴趣和创造力，培养他们的批判性思维和解决问题的能力。教师相信每个学生都具有无限的潜能和可能性，他们希望能够通过自己的教育工作，激发学生的学习动力和创造力，帮助学生充分发展自己的才能。这种职业理想使教师更加注重教学方法的创新和实践，不断探索适合学生发展的教育方式和手段。总而言之，教师的专业幸福感与职业理想实现密不可分。教师的职业理想是他们追求幸福感的动力源泉，也是他们在工作中坚持不懈的原因。无论是培养学生的全面发展、帮助学生树立正确的人生观和价值观，还是激发学生的学习兴趣和创造力，教师都以自己的职业理想为指引，不断努力追求卓越的教育成果。

再次，教师的专业幸福感还与自我成长与超越密不可分。教师的专业幸福感也来自他们自身的成长和进步。通过参加教育培训、研讨会和教学实践，教师能够不断提高自己的教学水平和专业素养。当教师在教学中运用新的教学方法和策略，看到学生积极参与和取得进步时，他们会感到自己的努力和付出得到了回报，从而获得专业幸福感。

最后，教师的专业幸福感还与教育工作在社会中的认可和尊重紧密相关。教师是社会的支柱之一，为培养未来的人才和推动社会的发展做出了巨大的贡献。当教师看到学生在社会中取得成功，并且对自己的教育工作表达感激和敬重时，他们会深切感受到自己的价值和重要性，进而提升专业幸福感。这种社会认可和尊重不仅来自学生对教师的肯定，也来自家长、同事和社会大众的认同。教师通过辛勤工作和无私奉献，为社会培养了一代又一代的优秀人才。当教师看到自己的学生在各个领域中取得成就，为社会做出贡献时，他们会感到由衷的骄傲和满足。同时，当社会对教师的教育理念和教学成果给予赞赏和认可时，教师的专业幸福感也会得到进一步的提升。这种幸福感激励着教师坚守自己的职业理想，不断追求卓越和创新，为教育事业的发展贡献着自己的力量。

综上所述，教师的专业幸福感可以从个人和社会两个层面来理解。专业发展、职业理想实现、自我成长和超越，以及社会认可与尊重，都是构成教师专业幸福感的重要因素。从个人层面来说，只有通过不断的努力和追求，教师才能获得更高的幸福感，并为学生的成长和教育事业的发展做出更大的贡献。从社会层面来说，教师的专业幸福感需要社会的认可和期待，社会的关注和支持，能够让教师在教育事业中发挥更大的作用，并获得更高的专业幸福感。

第三节 适切性成长与专业幸福感

教师的专业幸福感是教育实践中的一种内心感受，它源自教师对于自己工作的投入和努力的回报。教师的专业幸福感是教育工作中的一种心理状态，而适切性成长则是提升教师专业幸福感的重要路径。适切性成长与教师的专业幸福密切相关，它不仅为教师提供了实现个人教育目标和价值的机会，也为教师带来了满足感和成就感。

首先，适切性成长为教师专业幸福感的提升提供了重要的支撑。教师是教育实践的主体，他们需要不断更新教育理念，学习新的教学方法和理论，以适应不断变化的教育环境和学生需求。当教师通过适切性成长提高了自己的教育水平和教学能力时，他们会获得更多的满足感和成就感。适切性成长使教师能够更好地应对教育实践中的挑战，让他们在教育的舞台上熠熠生辉。

其次，适切性成长为教师提供了实现个人教育目标和价值的机会。教师在教育实践中追求的不仅仅是学生的学业成绩，更重要的是培养学生的综合素质，激发学生的学习兴趣，帮助学生实现自我价值，等等。适切性成长使教师能够更好地实现这些目标。通过不断学习和专业提升，教师能够更好地运用自己的专业知识和经验，为学生提供更好的教育服务。当教师看到学生在学业和人格发展上的进步时，他们会在内心深处感到喜悦和满足。

如何促进教师的适切性成长？这需要教育管理部门、学校和教师共同努力。教育管理部门和学校应为教师提供良好的学习和发展环境，提供持续的专业培训和学习机会，鼓励教师参与教育研究和教学改革。同时，教师个人也应积极主动地参与学习和专业提升，关注教育前沿动态，不断反思和改进自己的教学实践。只有通过多方共同努力，教师的适切性成长才能得到有效促进，从而提升教师的专业幸福感。

当从适切性教研目标的可达成性、方式的可操作性、条件的可承受性和成果的可应用性角度来分析教师专业幸福感提升时，可以得到以下观点：

适切性教研目标的可达成性与专业幸福感：适切性教研目标的可达成性指的是教师在进行教研活动时，能够明确并实现自己的教学目标。如果教研目标过于模糊或不符合实际情况，教师可能会感到困惑和挫败，从而降低专业幸福感。因此，教师需要设定具体、可实现的教研目标，并通过合理的计划和实施来达到这些目标，从而提高专业幸福感。教师教研目标的可达成性与专业幸福感之间存在着密切的关系。当教师能够实现自己设定的教研目标时，他们往往能够获得更高的幸福感。首先，教师教研目标的可达成性与教师的满足感和成就感密切相关。当教师能够成功地实现自己设定的教研目标时，他们会感到自己的努力和付出得到了回报，这种成就感会带来满足感和幸福感，教师也会对自己的能力和专业发展感到自豪，从而提高专业幸福感。其次，教师教研目标的可达成性对于教学质量有重要影响。当教师能够实现自己设定的教研目标时，他们会不断地改进和优化自己的教学方法和策略，提高教学质量。通过不断地反思和调整，教师能够有效地促进学生的学习和发展。当教师看到学生在学习上取得进步时，他们会感到满足和幸福，因为这代表着自己的教学成果。再次，教师教研目标的可达成性与个人的成长和发展联系紧密。设定具体、可实现的教研目标后，教师需要不断地学习和提升自己的教学知识和技能。他们会主动寻找相关的教育理论和研究成果，参加专业培训和研讨会，与同事们进行交流和分享。这种持续的学习和成长能够帮助教师提高自己的专业素养和教学水平，增强自信心和满足感，从而提高专业幸福感。然而，如果教师的教研目标无法达成或达成度较低，他们可能会感到挫败和失落，专业幸福感降低。因此，教师需要认真思考和制订具体、可实现的教研目标，并采取有效的措施来实现这些目标，从而提高专业幸福感。总之，教师教研目标的可达成性与幸福感之间存在着密切的关系。当教师能够实现自己设定的教研目标时，他们往往能够获得更高的专业幸福感。因此，教师应该重视目标的设定和实现，不断提升自己的教学水平和专业素养，以提高专业幸福感。

适切性教研方式的可操作性与专业幸福感：适切性教研方式的可操作性指

的是教师在进行教研活动时，能够选择合适的方法和工具，并能够灵活地适应实际情况。如果教研方式过于复杂或不适合自己的教学风格，教师可能会感到困惑和无能为力，导致专业幸福感降低。因此，教师需要根据自身的教学需求和学生的学习需求，选择适合自己的教研方式，并不断调整和改进，以提高专业幸福感。集体教研是一种常见的方式，教师可以与同事们一起组成教研团队或学习小组，共同研究教育理论和教学方法，并进行教学反思和评估。这种方式有助于教师之间互相学习和交流，促进专业发展和改进教学。个人教研是另一种常见的方式，教师可以根据自己的教学需求和兴趣选择研究的内容和方法，进行个人教研。这种方式可以提供更多的自主性和灵活性，让教师能够根据自己的实际情况进行研究和改进。行动研究是一种将理论与实践相结合的教研方式，教师可以通过实际教学和反思评估来研究和改进自己的教学实践。这种方式强调实践中的问题解决和教学效果的反馈，可以帮助教师更加直观地了解教学的效果和改进的方向。课堂观察是一种直接观察和记录教学情况的教研方式，教师可以通过观察学生的学习行为和反馈，了解教学过程中的问题和改进的空间。这种方式可以帮助教师更加客观地评价自己的教学效果，并有针对性地进行教学改进。除了选择合适的方式，教师还需要灵活应对各种实际情况。教研活动可能会受到学校的教学安排、学生的学习状态等因素的影响，教师需要根据实际情况进行调整和改进。同时，教师还需要根据自己的教学风格和特点，选择适合自己的教研方式和工具，以提高教学效果和专业幸福感。总之，适切性教研方式的可操作性对于教师的适切性成长和教学效果的提升至关重要。教师应根据自身的教学需求和学生的学习需求，选择合适的教研方式和工具，并灵活应对实际情况，以提高教学效果和专业幸福感。

适切性教研条件的可承受性与专业幸福感：适切性教研的条件可承受性指的是教师的教研活动能够在合理的条件下进行，而不会给自己带来过大的压力和负担。如果教研条件过于艰苦或不可实现，教师可能会感到疲惫和沮丧，导致专业幸福感降低。因此，教师需要在教研活动中合理安排时间和资源，确保自己能够在适当的条件下进行教研，从而提高专业幸福感。教师的个体条件与专业幸福感密切相关。个体条件包括教师的自我认知和自我管理能力、专业知识和技能、人际关系和支持网络等方面。具备一定的个体条件可以帮助教师更好地适应教研活动，提高专业幸福感。首先，教师的自我认知和自我管理能力对于教研活动的可承受性和专业幸福感至关重要。教师需要清楚地认知自己的兴趣、优势和目标，以便选择适合自己的教研课题和方法。同时，教师需要具备良好的时间管理和压力管理能力，合理安排教研活动的时间和任务，避免压力和负担过大。具备良好的自我认知和自我管理能力可以帮助教师更好地应对教研活动的挑战，提高专业幸福感。其次，教师的专业知识和技能对于教研活动的可承受性和专业幸福感也有影响。教师需要具备扎实的学科知识和教学技能，这样才能够进行有效的教研活动。只有具备足够的专业知识和技能，教师才能够更好地理解和应用教研成果，提高教学效果，增强专业幸福感。因此，教师需要不断提升自己的专业素养，参加相关培训和学习，更新教学理念和方法，以适应不断变化的教育环境。再次，教师的人际关系和支持网络对教研活动的可承受性和专业幸福感也具有重要影响。教师可以通过与同事和领导的合作和交流，分享经验和资源，互相支持和鼓励，共同提高教研的质量和效果。同时，教师还可以通过参加教研培训、学术研讨会等活动，扩大自己的交流圈，获得更多的专业支持和反馈。良好的人际关系和支持网络可以增强教师的自信心和满足感，提高专业幸福感。综上所述，教师的个体条件与专业幸福感密切相关。教师只有具备良好的自我认知和自我管理能力、扎实的专业知识和技能，以及良好的人际关系和支持网络，才能够更好地适应教研活动，提高专业幸福感。因此，教师应该注重个体条件的培养和提升，不断完善自己，以更好地实现教研目标，提高教学质量，获得更多的专业幸福感。

适切性教研成果的可应用性与专业幸福感：适切性教研成果的可应用性指的是教师在进行教研活动时，能够获得实际的教学成果，并将这些成果应用到实际教学中。如果教研成果无法应用到教学实践中，教师可能会感到失望和无助，从而降低专业幸福感。因此，教师需要确保教研成果能够与自己的教学需求和学生的学习需求相匹配，并有效地应用到实际教学中，从而提高专业幸福感。

首先，成果的可应用性对于教师的教学效果和成就感具有重要的影响。教师通过教研活动获得的成果如果能够应用到实际教学中，将有效提高教师的教学质量和效果。例如，教师通过教研活动获得了一种有效的教学方法，能够提高学生的学习兴趣和参与度。当教师将这种方法应用到实际教学中，看到学生的学习效果得到显著提高时，教师会感到满足，获得成就感，从而提高专业幸福感。其次，成果的可应用性对于教师的专业发展和成长具有重要的作用。教师进行教研活动的目的之一就是提高自己的教学能力和专业水平。当教师把通过教研活动获得的成果应用到实际教学中，并取得良好的效果时，教师会感到自己的专业能力得到提升，从而增强自信心和满足感。这种专业发展和成长的经历将进一步激励教师积极参与教研活动，不断追求更高的教育目标和成就。再次，成果的可应用性还对教师的工作满意度和幸福感具有重要的影响。教师进行教研活动时，希望能够通过自己的努力和智慧为学生带来更好的学习体验和效果。当教师通过教研活动获得的成果应用到实际教学中，并取得良好的反馈时，教师会感到自己的工作得到认可和肯定，从而增强工作满意度和幸福感。这种满意度和幸福感将进一步激发教师的工作热情和创造力，为学生提供更好的教育服务。综上所述，成果的可应用性对于教师的专业幸福感具有重要的影响。教师需要确保教研成果能够与自己的教学需求和学生的学习需求相匹配，并能够有效地应用到实际教学中。成果的可应用性不仅能够提高教师的教学效果和成就感，还能够促进教师的专业发展和成长，增强工作满意度和幸福感。因此，教师应该积极参与教研活动，努力获得可应用的成果，为自己的教育事业带来更多的专业幸福感。

综上所述，从适切性教研的目标可达成性、方式的可操作性、条件的可承受性和成果的可应用性角度来分析，教师可以通过设定明确的教研目标，选择合适的教研方式，在合理的条件下进行教研，并确保教研成果能够应用到实际教学中，从而提升专业幸福感。

案例一：

李老师是一位小学语文教师，她在教学过程中经常进行教研，积极参加各种培训和研讨会，不断提升自己的教学水平。她深入研究教材，设计了一系列有趣、富有启发性的教学活动，引导学生主动思考和参与。她还利用多媒体技术和互联网资源，丰富教学内容，使学生更加喜欢语文课堂。

通过教研，李老师的教学效果显著提高，学生的学习兴趣渐浓，成绩也有了明显的提升。她得到了学生和家长的认可和赞扬，这让她感到非常开心和满足。

此外，李老师还将自己的教学经验和成果分享给了其他老师，帮助他们提高教学质量。她组织了多次教研活动，与其他老师进行交流和讨论，共同探讨教学方法和策略。通过这些交流，李老师不仅增进了与同行的友谊，还从其他老师那里获得了更多的启发和帮助。

通过不断教研和分享，李老师不仅提高了自己的教学水平，也获得了专业的成长和满足感。她感到自己的工作有了更大的意义，对教育事业充满了热爱和激情。

案例二：

张老师是一位高中数学教师，他一直对数学充满热情，并且不断进行教研和学习，提高自己的教学水平。他参加了多个数学教学研讨会和培训班，学习了最新的教学方法和理论，并将其运用到自己的课堂中。

张老师注重培养学生的数学思维和解决问题的能力，他设计了一系列富有挑战性的数学问题和活动，鼓励学生动手实践和合作探究。他还利用科技手段，使用数学软件和在线资源，让学生更加直观地理解和应用数学知识。

通过教研和不断的实践，张老师的教学效果显著提高，学生的数学成绩也有了明显的提升。他的课堂变得更加生动有趣，学生的参与度和学习积极性也大大提高。张老师感到非常高兴和满足，他觉得自己的努力和付出得到了回报。

此外，张老师还积极参与学校的教研活动，与其他数学教师进行交流和合作。他组织了多次教研讨论会，分享自己的教学经验和成果，也从其他老师那里学到了更多的教学方法和策略。这种交流和合作使张老师不仅在自己的教学中持续进步，也为整个学校的教学水平提升做出了贡献。

通过教研和成果分享，张老师不仅提高了自己的教学水平，也获得了专业的成长和幸福感。他感到自己的工作充满了意义，并对教育事业充满了热爱和激情。

第二部分 ◎ 教师适切性成长的核心要素

第三章　主动成长型教师

教育质量的提高离不开教师素质的提升。教师素质能否有实质性的提高，对教育改革和发展有极大影响[①]。因此，我们需要采取主动发展型成长的理念，强调教师以自主发展为成长的方向。在课程育人实践中，教师应该以沉浸式的教育反思来催生专业发展动力，促进专业素养的切实生长，成为主动成长型教师。

教师成长离不开教育理论和专业知识的厚实学习，更离不开课程育人实践的扎实历练。主动成长型教师的理论学习与教育历练，需要楔入成长实践的意识自觉和行为自觉等主动性因素，这样才能促进教师及时对日常的教育实践进行“基于实践、围绕实践和高于实践”的内省与反思，发挥教师成长实践中切实而行的生发力量，促进教师从成长自发到成长自觉的理性转变，顺利迈向专业的个性化发展。

第一节　主动发展型成长理念

教师的主动发展型成长，意味着教师不仅要关注自身的专业知识和技能的提升，还要注重自我反思和实践的结合。教师应该以自主发展为目标，积极主动地寻求专业成长的机会和途径。这种成长理念的核心是教师的主动性和积极性。教师只有主动地参与到教育改革和发展中，才能真正实现教师素质的提高。

在课程育人实践中，教师应该借助沉浸式的教育反思来推动专业发展。沉浸式的教育反思是指教师通过深入思考和反思自己的教学实践，不断总结经

① 段安阳．专业成长：从“众人推车”到“发动引擎”[J]. 江苏教育，2011（17）：39.

验教训，找出问题并提出解决方案。通过这种方式，教师可以更好地认识自己的不足之处，并且主动地寻求改进和提高的途径。只有在不断反思的基础上，教师才能够不断改进自己的教学方法和教育理念，提高自身的专业素养。

专业素养的切实生长需要教师在实践中不断地磨砺和提升。教师应该将专业发展作为一种实践行为，通过实际的教学活动来不断提高自身的专业能力。只有在实践中不断摸索和实践，教师才能够真正提高自身的专业水平。同时，教师还应该关注自身的职业发展，不断更新自己的教育理念和教学方法，以适应不断变化的教育环境和需求。

教师专业发展的水平与效果，直接关系教师对教育的人生追求和价值目标的实现。教师专业成长最朴实的样态是主动发展、切实而行。这种主动成长型教师有以下几个基本特征：一是表现为有成长主动意识，二是表现为有切实省思意识，三是表现为有研究创新意识。这里我们主要讲解前两个特征。

首先，从教师内在的行动意愿程度和外在的行为自律程度分析主动发展型成长的理念特征，其实质就是“以自主发展为教师成长的价值和理念取向”。“青年教师大多个人价值观强烈，具有远大的理想和抱负，渴望有所作为，有所成就，能够充分体现自己的人生价值。”[①] 从个人意愿的强烈程度来划分，教师成长可以划分为被动型成长和主动型成长。被动型成长是教师在教育任务的实施过程中，缺乏主动获得直接或间接经验和智慧（包括教育技能、教育认知和教育经验等）的意识。主动型成长是指在教育任务完成过程中，教师始终保持进取状态和乐观精神，积极发现问题，分析问题本质，挖掘自身潜在智慧，创造性解决实践难点，同时，主动而为，及时将实践结果转化为教学成果。教师成长的自主发展表现包括：自行做好规划、自我支配行动。正如德沃金（美国著名哲学家）说：“自主的价值……在于它所产生的责任：自主使得我们每个人负责根据某种连贯的独特的个性感、信念感和兴趣，塑造自己的生活。它允许我们过自己的生活，而不是被生活所驱使，这样，我们每个人都能够在权利

① 万成，叶国明 . 如何优化青年教师的精神需要 [J]. 教书育人，2010（1）：23.

框架允许的范围内，成为他塑造的那个自己。”[①] 所以，自主发展作为教师成长的价值取向，往往源于社会责任和社会担当的意识驱动。教师要有强烈的使命感面对从事的教育工作，做到育人不倦；要有强烈的责任感面对自己的专业发展，会努力完善自我。

其次，主动发展型成长的行为特征是“以切实省思为行为取向”。教师切实而行的省思行为有三个明显特点：目标自强、态度自信和执行自觉。

目标自强，指教师对自身的发展有清晰的目标定位，确立的发展目标符合自身实际，有良好的成长激励性。在具体的环境中，教师的发展目标会因各自条件的差异而产生不同的样态：第一种是以教师的内在理念和能力发展为目标，期望在预定的时间内实现自己在某些专业领域的较快提升。比如，在既定时期内重点培育自己的教学风格，形成自己的教学理念和主张。第二种是以教师专业职称的晋升为目标，按照职称标准为自己在既定时期内的专业发展规划路径。第三种是以教师的社会认可为目标。虽然目标定位的形态不尽相同，但这些发展目标都具有成长激励性，能有效牵引教师走向成长自觉。

态度自信，指教师对自身的发展规划和成长实践表现出坚定的成长信心和成长意愿。按照心理学解释，人的行为自信主要源于其对自身各种资源和条件的综合的、清晰的认识。所以，教师的成长信心，并不是通过和别人的条件比较得出来的，更多的是教师基于对自身的深刻了解，以及基于自己对所从事的教育事业的理解和追求，从而对教育的成长预期产生内在信心和奋发激情，由此而得来的。教师成长行为的态度自信主要表现为：一是在不同的教育阶段设定相应的预期目标，并将预期目标与育人实践相结合；二是基于自身的成长主动意识，选择自己的成长实践方向，表现出相应的行为；三是在实践成长过程中，有相应的纠错意识和心理准备，不容易受外界情绪干扰和影响。

执行自觉，指教师基于对自身成长目标的愿景，在教育实践和成长实践过程中展现出行动主动性和行为自觉性，主要表现为：一方面是行动热情高。

① 葛文德.最好的告别：关于衰老与死亡，你必须知道的常识[M]，彭小华，译.杭州：浙江人民出版社，2015：128.

主动发展型成长要求教师对教育实践的每一个环节和每一个问题，能基于现实条件，积极谋划，主动作为，内在情绪积极。另一方面是省思意识强。教师成长离不开及时实践省思。善省思的教师，常常会根据实践省思出的积极结果而及时改进实践方法，从而获得积极的实践结果和效果，并在后续的省思实践基础上，将新的成长资源凝练、转化为成果，以丰富的成长资源，助推成长速度提升。

案例一：

小李是一位年轻的小学老师，他非常注重通过主动学习和研究促进自己的成长。他经常参加各类教育培训和研讨会，学习最新的教学理论和方法。此外，他还主动加入了学校的教研小组，并积极参与教材和教学策略的研究。

小李非常善于反思和总结自己的教学经验。他定期回顾自己的课堂教学，找出不足之处并制订改进计划。他还与其他老师进行教学交流，分享彼此的经验和教学方法。此外，小李还利用技术手段，如观看教学视频和阅读专业书籍，不断学习和研究优秀的教学案例，以提高自己的教学水平。

小李还善于利用学校和社区资源，提升自己的教学能力和专业素养。他积极参加学校组织的教学观摩活动，观察其他老师的课堂教学，学习他们的教学技巧和方法。他还主动与学生家长进行沟通和交流，了解学生的学习情况和需求，以更好地指导学生的学习。

通过主动学习和研究，小李的教学能力和专业素养得到了显著提升。他的课堂变得更加生动有趣，学生的学习成绩也有了明显进步。小李感到非常满足和幸福，他觉得自己的努力得到了回报，对教育事业充满了热爱和激情。

案例二：

小王是一位年轻的小学老师，他注重自己的主动学习和研究，并将其应用于课堂实践中，以促进学生的成长。他经常参加各类教育培训和研讨会，学习最新的教学理论和方法。同时，他还积极寻找和收集各种教学资源，如教学视频、教学软件等，以丰富自己的教学内容和方法。

小王善于观察和分析学生的学习情况，并根据不同学生的特点和需求，灵活调整教学策略。他经常与学生进行个别沟通和交流，了解他们的学习困难和问题，并提供针对性的辅导和指导。此外，小王还鼓励学生主动参与课堂讨论和合作学习，培养他们的学习兴趣和合作能力。

小王注重培养学生的学习能力和自主学习的习惯。他鼓励学生提出问题并探索解决方法，激发他们的创造力。他还定期组织学生开展小组项目和研究，培养他们的团队合作和研究能力。同时，小王还鼓励学生多读书，为其提供丰富的阅读材料，并定期组织学生开展读书分享活动。

通过主动学习和研究，小王的教学能力和专业素养得到了明显提升。他的课堂变得更加有趣和富有创造力，学生的学习成绩和自主学习能力也有了明显的提升。小王感到非常满足和幸福，他觉得自己的努力得到了回报，对教育事业充满了热爱和激情。

第二节　主动成长型教师的模型

主动成长型教师是指在教育领域中，能够主动寻求成长和发展的教师。他们以主动发展型成长为理念取向，通过自我反思和实践的结合，不断提升自身的专业素养和教学能力。从教师的能力与水平提升角度观察，教师专业成长发展可以划分为以下几个阶段：

初始阶段：在这个阶段，教师刚刚开始教学工作，他们的能力和水平相对较低。他们需要通过学习教育理论和积累实践经验来提升自己的教学能力。

基础阶段：在这个阶段，教师已经积累了一定的教学经验，并且具备了基本的教学能力。他们能够很好地运用教学方法和教学技巧，有效地组织教学活动。

提升阶段：在这个阶段，教师开始追求更高层次的教学能力和水平。他们不满足于仅仅传授知识，而是注重培养学生的思维能力、创新能力和解决问题的能力。他们会不断学习和尝试新的教学方法和教学策略。

精进阶段：在这个阶段，教师已经成为教学专家，他们具备了丰富的教学经验和专业知识。他们能够灵活运用多种教学方法，根据学生的特点和需求进行个性化教学。他们还能够深入研究教育理论，为教育改革和发展做出贡献。

需要强调的是，教师的能力与水平提升是一个渐进的过程，每个阶段都需要教师不断学习，努力提升教学能力和专业水平。同时，教师专业成长的过程也是一个循环往复的过程，教师可以通过不断反思和改进来提高自己的教学能力和水平。通过这几个阶段的成长，主动成长型教师可以不断提升自身的专业素养和教学能力。他们通过自主发展和实践，不断探索和创新，为教育改革和发展做出积极的贡献。

教师的能力成长也可以分为职初、成熟、骨干、优秀、卓越等不同阶段。

职初阶段是教师刚刚开始从事教育工作的阶段，他们在教学实践中积累经验，学习教学技能和知识。在这个阶段，教师主要通过参加培训和研讨会来提升自己的专业素养，逐渐掌握教学基本技能。

成熟阶段是教师经过一定时间的实践和成长后，具备了较为丰富的教学经验和教育理念的阶段。在这个阶段，教师能够独立设计和实施教学活动，能够有效地解决教学中遇到的问题，并能够根据学生的特点进行个性化教学。

骨干阶段是教师在教育领域中有一定影响力和地位的阶段。他们具备了深厚的学科知识和教学经验，能够指导其他教师的教学工作，对教学方法和教育改革有较深入的理解和思考。

优秀阶段是教师在教育领域中表现出色，被广泛认可和赞誉的阶段。他们在教学中思维活跃，能够运用多种教学策略和方法，激发学生的学习兴趣和潜能。在教育领域中，他们具备一定的影响力，能够为教育改革和发展提供有价值的建议和方案。

卓越阶段是教师在教育领域中达到最高水平的阶段。他们不仅在教学上取得了卓越的成绩，还在教育研究和理论创新方面有重要贡献。他们的教学理念和方法被广泛应用和推广，对教育领域的发展产生了深远的影响。

通过这几个阶段的成长，教师能力不断提升，从初级到深入，从基础到创新，为教育事业的发展做出积极的贡献。同时，这也是一个循序渐进的过程，需要教师不断努力和自我反思，不断追求卓越，实现个人和教育事业的共同成长。主动成长型教师发展的立体化模型如图 3-1 所示：

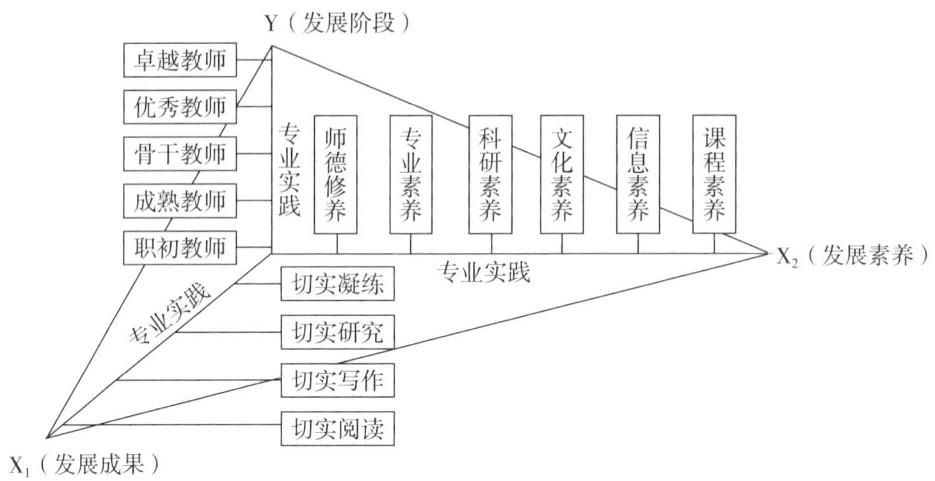

图 3-1　主动成长型教师发展的立体化模型

三维共生的立体化目标体系：如上图所示，教师自主发展的成长目标具有三维共生的特征，这三种目标和发展方向是共生于教师的教育实践之“体”上的。

三维目标包括：一是教师发展的成果目标，二是教师发展的素养目标，三是教师发展的阶段目标。从成长标志来看，三者各有不同的外显表现：阶段目标以教师专业能力达成程度为标志，成果目标以不同省思方式的物化结果为标志，素养目标以各项教师素养的成长为标志。能力提升、成果收获与素养发展都是教师成长的不同的目标表现形态，它们共同构成了教师成长的三维目标体系。

三维交互的立体化运行模型：如上图所示，教师自主发展三维目标的实现呈现出共融共生的特点。如果把上图转化成成长公式来描述，可以写成：$Y=F(X_1, X_2)$。公式内涵是：教师主动发展的成长阶段受教师的主动发展的省思成果和主动发展的素养内容的综合影响。在 $Y=F(X_1, X_2)$ 公式中，Y 是因变量，X_1和X_2都是自变量，且X_1和X_2之间也是一种互为因变量和自变量的关系。教师成长三维目标中这种立体化的运行关系，是由成长实践中教师的成长性思维的属性所决定的。教师成长重要的思维保障是成长性思维。教师的成长性思维包括“因变而变”的成长意识和“实践+省思”的成长实践。

从模型可知，“实践+省思”具有以下的实践成长的内生力量：一是帮助教师突破自身的能力局限和解决具体的育人问题；二是帮助教师进行知识的自我建构、更新和教育理念的完善，发展育人智慧，积累教学成果；三是帮助教师更好地实现其教育价值，提升立德树人的效果。

当教师处于不同阶段时，他们的成长方式确实会有所不同。以下是一个教师成长的案例：

李老师是一名小学教师，已经有五年的教学经验。在刚开始教学时，他处于探索阶段，感到自己缺乏经验和自信。他积极参加学校组织的教师培训和研讨会，学习其他教师的教学方法和策略，尝试不同的教学实践。他还与其他教师合作，互相交流和分享经验，从中学习和成长。

随着时间的推移，李老师进入了建设阶段。他开始更加关注教学设计和课程开发，努力提高教学质量和效果。他参与学校的教研活动，与其他教师一起探讨教学问题，共同研究和改进教学方法。他还积极利用教育技术和教学资源，创新教学内容和形式，提高学生的学习兴趣和课堂参与度。

随着教学水平的不断精进，李老师进入研究阶段，开始深入研究教育理论。他参与教育研究项目，进行教育实验和教学创新。他反思和调整自己的教学实践，不断改进自己的教学方法和策略。他积极寻找和应用最新的教育技术和教学资源，以提高教学效果。他还参与教师培训工作，分享自己的经验和知识，帮助其他教师成长。

最后，李老师进入了领导阶段。他成为学校的教研组长，负责组织和指导教研活动。他还参与学校的教学管理和课程开发工作，为学校的教育事业做出更多贡献。他积极参与教育改革和发展，推动着教育的创新和变革。

这个案例展示了一个教师在不同阶段的成长过程。通过积极学习和实践，李老师逐渐成长为一名教育领域的专家和领导者，为学生和教育事业做出了积极的贡献。

第三节 主动成长型教师的路径

教师的专业成长离不开具体的教育实践，但是如果教师只埋头于实践，缺少相应的学科研究与实践反思，就容易走向实践的简单重复，而缺失了应有的实践成长意义。教师的反思性成长的路径类型众多，根据反思依托的载体和路径的不同，主要可以分为阅读—省思型、写作—省思型、研究—省思型、理念—省思型等，其对应的成长路径分别为切实性阅读、切实性写作、切实性研究、切实性凝练。

切实性阅读：让实践省思浸入教师的专业阅读。专业阅读是阅读—省思型的专业成长方式，它是教师实现学科理论知识和学术视野提升的主要路径。在教育现实之中，由于教师专业阅读所获得的理论知识，往往无法充分运用于实践且成果内化不及时，使得专业阅读带来的成长收获并不十分深刻。所以，要想有效开展教师专业阅读，须找到一条适合教师的“存在现实”的切实有效的阅读路径。主动成长型教师要以切实性阅读来扩展自己的专业知识。切实性阅读最重要的特点就是要求教师把自己教育教学中的困惑与问题或者是经验带到阅读之中，进行有目的、针对性强的专业书籍阅读，以阅读解决问题，通过内化书籍知识来开阔自己的专业视野，提升自身专业理论素养。切实性阅读追求的是教师专业书籍知识与教师教育实践的良性互动，而实现互动的桥梁就是教师对实践问题的沉浸式反思。从形式上看，以互动谋主动的专业切实性阅读是一种选择性阅读。这一阅读方式帮助教师有效避免了专业书籍阅读的盲目性和随意性，真正体现了教师基于教育实践的内省反思、知行合一的阅读理念，能有效实现教师专业素养和教学实践能力的提升。

例如：

某位教师在教学实践中遇到了一个问题：他发现学生在学习英语词汇时缺

乏兴趣，记忆效果不佳，导致他们无法有效地掌握词汇并将其应用于实际口语和写作中。为了解决这个问题，该教师决定进行有针对性的阅读，寻找有效教学方法，改善教学实践。

教师开始进行相关的阅读研究，专注于如何提高学生的词汇学习效果。他发现了一篇研究论文，探讨了使用图像和情感激活来增强学生词汇学习的效果。这篇论文指出，通过将词汇与生动的图像和情感相关联，学生可以更好地理解和记忆词汇。

教师根据这个方法，开始尝试在词汇教学中引入图像和情感激活方式。他设计了一系列课堂活动，包括使用图片和视频来呈现词汇，让学生通过观察和讨论来理解词汇的含义和用法。同时，他还通过故事、角色扮演和情境模拟等方式，引发学生情感上的共鸣，帮助他们更好地记忆和应用词汇。

教师在实施这些活动后，观察到学生的学习兴趣明显提高，他们更加积极主动地参与课堂活动，并且能够更好地理解和运用所学的词汇。通过与学生的反馈和评估，教师发现他们对于词汇的记忆和运用能力也得到了显著提高。

这个案例展示了教师如何通过有针对性的阅读，从中获取智慧来解决教学实践中的问题。通过研读相关文献和书籍，教师掌握了有效的教学策略，并将其应用于实际教学中，取得了积极的成果。这个案例提醒教师，在教学实践中遇到问题时，通过阅读和研究，可以找到解决问题的有效方法。

切实性写作：让实践省思浸入教师的教育写作。教育写作是写作—省思型的专业成长方式。教育写作包括写教学论文、教育叙事、教育随笔等。切实性写作强调教师就自身的教育实践经历和问题进行反思性写作，把自己对问题的思考和内在理解凝练总结成观点性文字，并进行问题剖析和实践论证。切实性写作主题凝思的意义在于，牵引教师对教育实践和实践思考进行系统化的、深层次的教育学术逻辑建构，在此建构体验中加强教师的深层理解。所以，切实性写作是一种“我手写我心”的文意表达和演绎，既能有效把自己的经验与思考转化为学术成果，又能助力教师在省思中实现知识更新与理念生长。这种写作的特点是教师以自己熟悉的方式，对熟悉的问题进行方向性的反思和文字凝练，在省思过程中实现专业能力的提升和理念的生长。

例如：

一位老师回忆道：

“在教学实践中，我曾经遇到一个问题，即学生在学习数学时缺乏兴趣和动力，导致他们对数学知识的掌握程度不高。为了解决这个问题，我通过教育写作的方式，将我的经验和思考转化为学理性知识和教育智慧，以促进自己的专业成长。

“首先，我开始进行相关的阅读和研究，专注于如何激发学生对数学的兴趣和动力。我发现了一篇探讨通过游戏化教学来提高学生的数学课堂参与度和学习效果的研究论文。这篇论文指出，通过将数学知识融入游戏活动中，可以增强教学的互动性，增加学生的学习乐趣，从而提高学生的学习兴趣和动力。

“基于这个智慧，我开始尝试在数学教学中引入游戏元素。我设计了一系列有趣的数学游戏，让学生在游戏中运用数学知识解决问题。这些游戏包括数学谜题、数学竞赛和团队合作活动等，旨在激发学生的学习兴趣，提高学生课堂参与度。

“在实施这些游戏化教学活动后，我观察到学生的学习态度发生了积极的变化。他们更加积极主动地参与课堂活动，并且对数学的兴趣和学习动力明显增强。通过与学生的互动和评估，我发现他们的数学理解和解题能力也得到了显著提高。

“通过教育写作，我将自己在解决教学实践问题中的经验和思考转化为学理性知识和教育智慧。这个案例不仅帮助我提升了自己的专业能力，也为其他教师提供了一个思考和借鉴的角度。因此，教育写作在促进教师的专业成长和教育智慧的交流方面具有重要的作用。”

切实性研究：让实践省思浸入教师的项目研究。项目研究是研究—省思型的专业成长方式，切实性研究是教师以类似科学研究的适切方式来研究解决关键性的教育实践问题。教师教育实践中，有一些深层性的问题，也有一些瓶颈性的问题，以项目的形式把问题转变成研究的项目，以类似科学研究的方法，有计划、有组织、有步骤、系统性地进行实践研究，有助于成果的形成与强化。对于主动发展型教师，其成长的非常重要的一点就是以研究的方式和研究的思维对待日常教育实践工作，并且针对一些关键性的教育实践问题，系统而深入地进行反思、琢磨，并在这种坚持中不断启悟、成长。切实性研究具有学术研究的特征，主要表现为教学学术研究。其研究所要解决的问题源于教师教育工作中具体的实践问题或困惑，解决问题的可靠方法之一是项目研究。项目研究具有计划性、系统性等特点，通过对教学进行项目式学术探讨，以突出一线教师以实践研究解决实践问题的重要意义。

进行切实性研究需要确保研究问题的重要性、可行性和实用性。以下是一个关于教育领域的切实性研究的例子：

一位教师就“如何提高学生的阅读理解能力？”这一问题，从重要性、可行性、实用性及研究方法几个方面进行了切实性研究。具体如下：

重要性：阅读理解是学生学习的基本技能之一，对学生的终身学习至关重要。然而，许多学生在阅读理解方面存在困难，因此寻找有效的教学方法来提高学生的阅读理解能力具有重要意义。

可行性：研究可以在一所学校或多所学校进行，涵盖不同年级和学生群体。研究者可以与学校合作，获得学生的数据收集的许可。同时，可以采用实验组和对照组的设计，对比不同教学方法对学生阅读理解能力的影响。

实用性：研究的结果可以为教师和教育决策者提供指导，帮助他们选择和采用有效的教学方法来提高学生的阅读理解能力。这将有助于改善学生的学业表现和学习成果。

研究方法：收集学生的阅读理解成绩和背景信息；设计和实施针对不同教学方法的教学干预，例如使用图书馆资源、阅读策略教学、小组合作阅读等。同时，可以通过问卷调查、观察和访谈等方法来收集学生、教师和家长的反馈和意见，以评估教学方法的有效性和可行性。

这样的切实性研究可以为教育实践提供实证依据，帮助教师和教育决策者制定更有效的阅读教学策略，提高学生的阅读理解能力。

切实性凝练：让实践省思浸入教师的理念凝练。理念凝练是理念—省思型的专业成长方式，教学主张的凝练、教学风格的打造、教学思想的凝练、教学成果的培育等从教师内在的成长意义和发展价值角度来看，都是教师基于自身的教育实践的理念凝练和培育的有效方式和过程。基于教师教育实践的切实性凝练有三个显著特点：一是聚焦自己的教育实践与经验，切实性凝练具有经验总结性特点；二是要寻找自身教育实践经验背后的人与教育的规律，以适应人与教育的规律，切实性凝练具有方向引领性特点；三是要基于国家、社会对教育发展的政策性要求，切实性凝练体现了时代性特点。基于上述特点可知，教师理念的切实性凝练最重要的价值和意义是用理性引领实践发展。教师教育理念的更新、发展，乃至特色形成，最终要在具体的教育实践中体现其积极的价值与社会意义。

教师的教育理念的切实性凝练有三点关键：一是离不开实践土壤。理念的形成离不开扎实的实践基础，基于实践又回归实践是其最本质的属性。二是离不开学术支撑。理念的理论形成、体系建构，离不开学术支撑。教育理念的理论形成、科学验证、规律阐述等都需要以教育学术为基础，以免让理念停留在经验层面，缺乏学理性、科学性和创造性。三是需要以一些学术平台和学术表达来阐述内容，以突显其运用价值。

通过实践，教师可以将专业知识和技能转化为自己的思维方式和行为习惯，形成自己的教学规律，从而提高教学效果。教师可以通过以下步骤促进内化成长：

第一，实践经验的记录与反思：教师在教学过程中记录下学生的学习情况、教学方法的使用效果等关键信息，并进行反思。通过反思，教师可以总结出有效的教学方法和策略。

第二，规律的概括与总结：教师基于实践经验，概括出教学中的规律和模式。例如，教师在实践中，发现了学生在学习某一数学概念时容易出现的困惑点，或者发现了某种教学方法在不同的学生中有不同的效果等规律。

第三，规律的应用与调整：教师将概括出的规律应用于教学实践中，并根据不同学生的差异进行调整。例如，教师根据学生的不同理解程度，选择合适的教学方法和策略。

第四，规律的传播与分享：教师可以与其他教师进行经验交流和分享，将自己的规律和经验分享给其他教师。通过交流和合作，教师可以进一步拓展自己的思维和教学方式。

通过以上步骤，教师可以逐渐形成自己的教学规律，并将其内化为自己的教学方式和行为习惯。这将有助于提高教师的教学能力和学生学习效果，促进教育质量的提升。

例如：

一位小学语文教师在实践中发现，学生在学习诗歌时常常缺乏对诗意的理解和感悟。通过反思和尝试不同的教学方法，她总结出了一条规律：通过情感共鸣和生活体验的引导，可以提升学生对诗歌的理解和欣赏能力。

根据这个规律，该教师开始在诗歌教学中注重情感交流和引导学生与诗歌内容进行关联。她组织学生进行诗歌朗诵，鼓励学生表达自己对诗意的感受，并与诗歌中的情感进行对比和共鸣。同时，她引导学生通过观察生活中的美景、感受自然的变化等方式，增加学生对诗歌中意象和情感的理解。

通过这种教学方法的尝试和调整，该教师发现学生对诗歌的理解和感悟能力得到了显著提升。学生不仅感受到了诗人真实的情感，对诗歌中的意象也有了更深刻的理解。他们也开始主动观察生活中的美好瞬间，希望能够将这些感受融入自己的创作中。

该教师将这个规律与其他教师进行分享，并在教研活动中积极讨论和交流。其他教师也开始尝试类似的教学方法，并取得了较好的效果。这位教师的经验成了一种共享的教学资源，促进了学校语文教学整体水平的提升。

通过从实践到规律的探索，这位小学语文教师在教学中不断凝练教学成果，推动了自己的内化成长。她的经验也为其他教师提供了宝贵的借鉴，以便教师团队共同探索教育规律、提高教育质量。

第四章　教师专业成长力

如何推动教师高质量专业成长是新时代全面深化教师队伍建设的重要命题。教师专业成长力是在教师专业实践中驱动教师专业发展的人、行为和环境等各类有效因素和有利条件的总和，是教师专业发展的诸多能量在教师自我专业期待基础上凝聚而成的正向潜能，具有主体性、综合性、内隐性、实践性、动态发展性的特征。针对成长动力缺失、衰退、暂停等问题，教师应从信念、知觉与悟觉角度，加强教师专业成长力的自我效能管理，不断厘清各层次、各要素的内在联系和因果层次，抓住成长系统中的关键节点，缩短教师成长力要素“链条”的节距，培育成长意识和强化内驱力，促进教师专业的持续性成长。

专业成长力是保证教师专业成长的内隐能量，是教师成长过程中各种有效因素和有利条件的正向汇合。因此，深层探究专业成长力的内涵、模型，以及加强教师专业成长力的自我效能管理与培育，由此整体观照教师专业成长的潜在内隐性力量，对教师专业成长的理论与实践研究具有重要价值。

第一节　教师专业成长力的内涵

教师专业成长是教育发展的核心。如何推动教师高质量专业成长是新时代全面深化教师队伍建设的重要命题。教师专业成长是教师不断积累专业知识，开阔专业视野，丰富专业实践，提升专业素养，发挥自己教育生命价值的过程，并受到多重因素与环境的影响。目前关于教师专业成长的研究聚焦于三方面：第一，从理论视角探索教师专业成长的内涵、阶段及相关理论；第二，从外在视角挖掘教师专业成长的路径、模式、策略方法等；第三，从内在视角分析教师专业成长相关因素的内涵、类型、组成要素及各要素的培育路径等，例如教师的学习力、反思力、转换力、合作力、创新力等。然而，既有研究缺乏对源自教师自身职业期待而产生的种种驱动教师专业成长的“动力”剖析。

杜威提出，“生长的首要条件是未成熟状态”[①]。成长就是个体从未成熟状态走向成熟状态的变化过程，即“成长是事物对自身存在缺陷的扬弃，是对‘旧我’的遗忘，是向理想生存方式的迈进”[②]。由此推导可以得出，教师专业成长是教师个体不断提升专业素养，实现专业的更迭发展，渐进和摆脱专业未成熟状态的变化过程，同时，这一过程也是教师不断丰富职业生命和发挥社会价值的过程。在杜威看来，未成熟状态本身就是促进教师的专业“向前生长的力量”，是一种“积极的势力或能力”[③]。未成熟状态之所以能成为积极因素，就在于未成熟状态是催生成长动力的良田沃土。“教师成长蕴含着学习力、行动力、反思力、创造力和发展力五种能力。”[④]对教师个体而言，专业成长贯穿其职业生涯和教育实践的整个过程，教师源于自我专业发展的愿景和期待生发出的成长动力，能有效驱动教师基于个体内外条件和积极因素孵化上述各种能力，最终将融汇为成长的无痕合力，促进自我专业实践和自我专业发展。

由此，教师专业成长力内涵可以作以下概括：教师专业成长力是在教师专业实践中驱动教师专业发展的人、行为和环境等各类有效因素和有利条件的总和，是教师专业发展的诸多能量在教师自我专业期待基础上凝聚而成的正向潜能。教师专业成长力作为一种潜在性的生发力量，从力量生发来源看，主要包括人和人的行为相关的内生性力量与人所处的环境相关的外生性力量。内生性力量和外生性力量共同作用和汇合而成的教师专业发展的正向能量，正是促使教师专业成长、成功的重要原因。

教师专业成长力的内涵体现出如下五个特征：从发展个体看，具有主体性特征；从力量形成看，具有综合性特征；从发展潜能看，具有内隐性特征；从专业特点看，具有实践性特征；从稳定性看，具有动态发展性特征。

---

① 杜威 . 民主主义与教育 [M]. 王承绪，译 . 北京：人民教育出版社，2001：49.
② 龙宝新 . 专业成长力：教师专业成长研究的新视角 [J]. 天津市教科院学报，2012（4）：74.
③ 杜威 . 民主主义与教育 [M]. 王承绪，译 . 北京：人民教育出版社，2001：50.
④ 吕康清，龙宝新 . 论教育生态学视域下的教师成长力 [J]. 教育理论与实践，2013（5）：33.

第一，教师专业成长力具有主体性特征。人的主体性主要指人作为活动主体在对客体的作用过程中所表现出来的能动性、自主性和自为性，也表现为人对自身认识及实践行为、能力的自由把握与驾驭，是对自身发展及社会发展的超越。可见，从人的社会属性出发来认识，人的主体性侧重体现为人在认识实践活动中的主观能动性特征。同理，教师专业成长主体性主要表现为：在自我专业发展过程中，教师专业成长实践所呈现的鲜明的自主性、自觉性、选择性和创造性。教师专业成长中不同成长个体，其实就是不同的成长主体，由于主体条件、主体愿景、主体认知、主体意志和主体能力等不同，教师专业成长的起点、进程、效果也显然不同。不同教师个体由于其专业基础、专业期待和发展潜能不同，形成的专业发展样态、专业发展速度和程度也会千差万别。即使在相同的外在环境下，在同一项专业成长实践过程中，教师的主体认知、主体意识和个体意志不同，其专业发展的生发力量也会不同。所以，主体性差异是教师专业成长差异的根本原因，教师的主体性是教师专业成长力的根本属性表现。

第二，教师专业成长力具有综合性特征。教育生态中影响教师成长力的生态因子是多样复杂的。教师专业成长既是一个目标，又是一个过程，对教师个人而言，是贯通其整个职业生涯的长期而复杂的专业历程。在此过程中，影响其专业发展潜能发挥的生态因子复杂多元，既与自身的专业基础与自我效能感、专业理解与认识、专业意识与思维相关，也与个人所处的专业环境密切相关。教育生态因子的多样性和复杂性是教师专业成长力综合性特征的重要原因。教育生态因子的综合性特征，从生发空间判断，主要有来自主体内部的内生性影响因子和来自外部环境的外生性影响因子；从实践层次判断，主要有来自实践的精神信念层次的动力、意志等内驱力和来自实践的操作层次的学习力、反思力、创造力和发展力等行动力，还有来自实践的条件层次的个体成长资本等。确切来说，教师专业成长力并不是物理意义上的某种力，而是促进教师专业成长的全部有效条件和有利因素的总和，而且总和是以教师成长潜能的形态发挥着对专业发展的引领和促进作用。

第三，教师的专业成长力具有内隐性特征。教师专业成长是教师个体以专业领域内的自我发展为核心，以教师个体的经验反思为媒介，逐步提高自身从教素质，从而成为一个良好的教育专业工作者的成长过程。教师内在的专业素质的提高是一个量变到质变的渐变过程，而且需要在教师长期的专业实践改进中不断深化。就教师个体而言，在专业实践与成长实践的互动发展中，专业成长力是一种思考状态和创造状态以及其持续习惯所共同建构起来的潜在力量。潜在力量的生发只有在教师具体的专业实践改进以及效果取得中得以彰显或表征。因此，教师专业成长力具有明显的内隐性特征。基于专业成长力的内隐性特征，教师的专业实践和成长实践，需要具有专业耐心和成长耐力。教师在发挥潜在力量，实现向上生长的过程中积累更强大的自我专业发展潜在力量。基于王林发教授的"环境引爆论"，当个体成长的潜能积累到专业发展的"引爆拐点"，教师就能因时应势"引爆"专业成长"窘境"，从而达到专业成长新的高度。

第四，教师的专业成长力具有实践性特征。教师专业发展是指教师个体通过自身教育教学实践与不同形式的实践反思实现内在专业素质提高和专业实践改进。实践会促进专业成长，专业成长的提升也会优化专业实践。离开了具体的专业实践，教师的专业成长就会变成无本之木、无源之水。所以，教师的专业成长实践远离或偏离自身的专业实践，都不利于教师专业成长力的凝聚和发力。教师专业成长力的实践性特征，就是强调教师的自我专业发展要以"教育教学的实践发展"为方向，坚持"基于实践、围绕实践、高于实践"的思路，围绕教师在教育教学中的育人问题，激发教师自身潜在的专业发展能力，通过专业实践提升教师的专业发展效果，在育人实践问题的解决过程中不断激发教师的专业成长力。

第五，教师的专业成长力具有动态发展性特征。教师专业成长是在多重环境中提升教师综合素养、彰显教育生命价值的过程，贯穿教师职业生涯。受学校、家庭、社会环境及教师自身发展情况等影响，教师在不同发展阶段的成长速度波动向前、不断变化，教师专业成长力的大小、增速也相应发生变化。

根据叶澜教授的“自我更新论”，职后教师专业发展应包括生存关注、任务关注和自我更新关注三个阶段。不同发展阶段的专业成长力也因关注点的不同而有所差异。处于生存关注阶段的教师最核心的任务是适应并站稳讲台，其行动以“能教”为主旨，其发展速度主要与教师个体的内驱力、学习力、反思力、行动力密切相关，且内在力量超过外在环境的影响。此阶段，教师的专业成长力不断积蓄增长，激发教师走在专业成长的“高速路”上。进入任务关注阶段，教师关注的焦点投向学生的发展、教学效率等，其行动以“会教”为核心思想。这一阶段的发展中，内在和外在力量逐渐平衡，且外在力量的影响日益加重，逐步超越内在力量，对教师产生正向或反向的影响。在自我更新关注阶段，教师走向“善教”，发展的眼光转至自我教学风格与教学思想的提炼与落地、教育价值的实现。强烈的使命感、职业认同感等内在动力推动教师深度探索教育的规律。

第二节　教师专业成长力的模型

教师成长的影响因素是多方面的，可以从个人因素、学校环境、社会因素等方面来考虑。个人因素包括教师的个人特质和能力，如知识水平、专业素养和教育经验等。同时，教师的态度和价值观也会对其成长产生重要影响，包括对教育事业的热情、对学生的关心和尊重等。此外，教师的自我反思和学习也深刻影响教师成长，包括对自身教育实践的反思和改进，以及持续学习和专业发展。学校环境方面，学校的文化和氛围会对教师的成长起到重要作用，如学校的教育理念、教学风格以及教师间的合作与支持等。此外，学校领导和管理也会对教师的成长产生影响，包括领导的决策和政策、对教师的支持和激励等。社会因素方面，教育政策和制度会对教师的成长产生影响，包括教育改革的方向和目标、教师培训和评估制度等。同时，社会认可和支持也是教师成长的重要因素，包括家长、学生和社会对教师工作的认可和支持程度。以上是影响教师成长因素的一些主要方面。

同理，教师专业成长力是教师专业发展状态发生改变的根本原因，而成长力强弱与专业发展状态改变效果主要与人、行为和环境几个要素密切相关。从内部归因和外部归因两个维度来研究教师专业成长力生发的影响因素，人和行为均在专业实践主体，即教师主体的系统范围之内，可以归统为内部因素，而教师专业实践的外围环境属于外部因素，如图 4-1 所示。

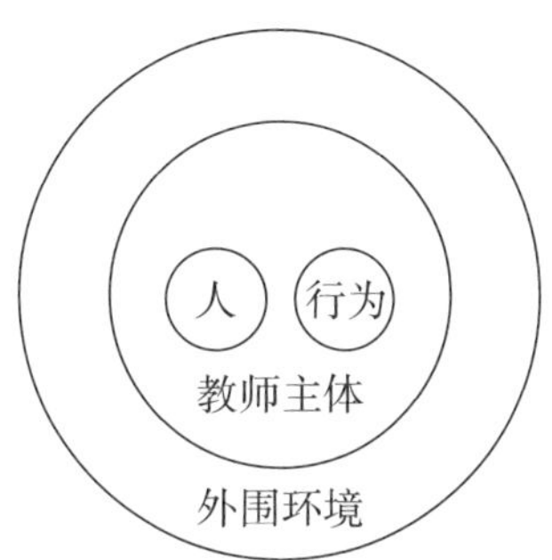

图 4-1 教师专业成长力的影响因素结构

首先，从人的维度上看，主要受人的动机和意志影响。人的动机和意志是实践行为的驱动力之源。教师专业成长活力、动力和内力的生发效果与内驱力的强弱直接相关。对教师成长而言，越努力越成长，教师专业实践用心、用力的方向与程度直接影响其成长的速度和效度。可以说，内驱力在某种程度上是教师专业成长力的活性因子和原发性能量。基于教师个体发展专业自我的期待催生积极正向的动机和坚定的行动意志，是策动教师成长内驱力的可靠路径。

其次，从行为维度上看，主要受教育信念、行动理念和方法影响。从教师专业实践的行为选择与实施的角度来看，专业成长力常常表现为教师专业成长聚合力，是教师在解决特定教育问题时所展现出来的对一般专业成长力的驾驭、匹配与综合能力。舍恩指出，实践情境具有由独特事件构成的特性，这种独特事件呼唤实践的艺术[①]。从心理学角度说，在特定的专业实践情境中，教师个体对实践所持有的信念决定了其智慧选择行动的理念和运用的解决问题方

① 舍恩 . 培养反映的实践者：专业领域中关于教与学的一项全新设计 [M]. 郝彩虹，等译 . 北京：教育科学出版社，2008：12.

法，进而直接影响解决问题的程度与效果。所以，信念与理念层面的偏失导致专业实践偏离，此不仅会影响专业实践的结果，同时极大制约着教师专业发展的可能和潜能。

再次，从环境维度上看，主要受教育生态环境状况影响。教师的专业实践和专业成长不可避免会受到教师所处的教育生态环境影响，尤其是所在的学校环境。有研究表明，当教师面对高利害评价时，往往会被动地为迎合评价而改变工作策略，导致其丧失创造性和思考能力。教师丧失了专业自我发展的自主性、创造性和积极性，也就意味着教师专业成长力的消退。学校环境包括教育政策、学校管理、学校氛围和教师文化四个方面。消极保守的学校环境会阻滞或延缓教师专业成长力生发的效果和教师专业成长的速度。反之，营造积极向上的学校环境，就能从正向促进教师专业成长力，从外在条件上保障教师专业成长。

可见，教师专业成长力受多种相关变量的影响，我们可以用数学函数的原理，围绕教师专业成长的影响因素，提取人、行为和环境为变量要素，建构起教师专业成长力的函数模型，以厘清教师专业成长力不同变量因子之间的因果逻辑和因果层次，帮助教师在出现专业迷失时，把握住“专业自我”的成长方向。

函数模型图 4–2 中“Y”是成长函数中的因变量也是自变量。作为因变量，描述的是人的成长变化的结果；作为自变量，强调了变化结果也会转化成为后续成长的惯性力，成为新的自变量，从而强调了人“成长在路上”的成长性意义。模型中的 1 强调个人的基础，它是个人成长的起点。只要个体生命存在，就存在一定的基础。虽然个体不同，基础不同，但按适切性成长的理念，成长都是以个体本人的基础为起点的，所以，对每个个体发展而言，自己的基础均应当设定为 1。括号中 X_1、X_2、X_3 是成长函数中的自变量，反映的是教师成长的内生变量。X_1 代表自生力，X_2 代表互生力，X_3 代表共生力。X_1、X_2、X_3 均大于 0，但不同个体的成长自生力、互生力与共生力有强弱差异。它们共同构成发展内生变量，即成长函数中的自变量。

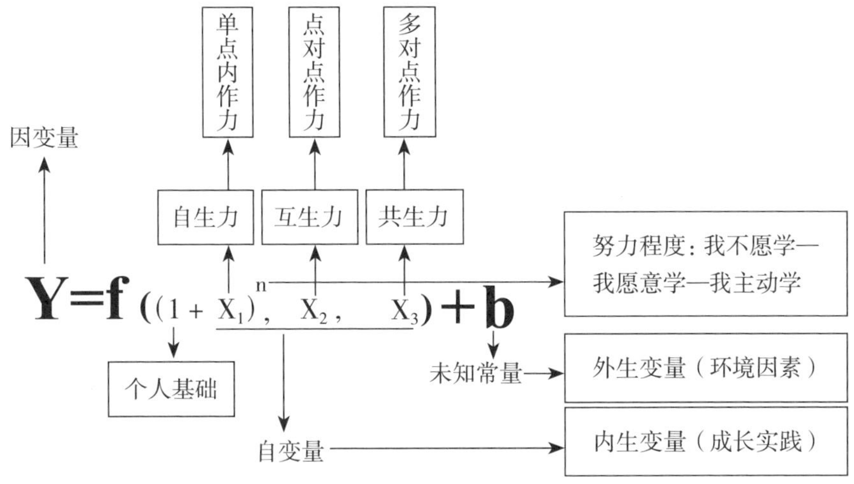

注：X_1，X_2，$X_3>0$；$-\infty<n<+\infty$；$-\infty<b<+\infty$

图 4–2 教师专业成长力函数模型

如图 4–3 所示，以自生力为基础的自生成长，其生发特点是单点力，是教师主体的内在能量的自我生发；以互生力为基础的互生成长，其生发特点是两点力，是点对点的能量生发，强调的是教师同伴的助力成长；以共生力为基础的共生成长，是多点对一点的能量生发，是团队对教师个体的能量强化。教师专业成长力三种不同生发路径，以不同方式交互作用。尤其是自生力的发展，不同程度地作力于互生力和共生力的生发。自生力包括理念认知层和思维方法层等内在因素。

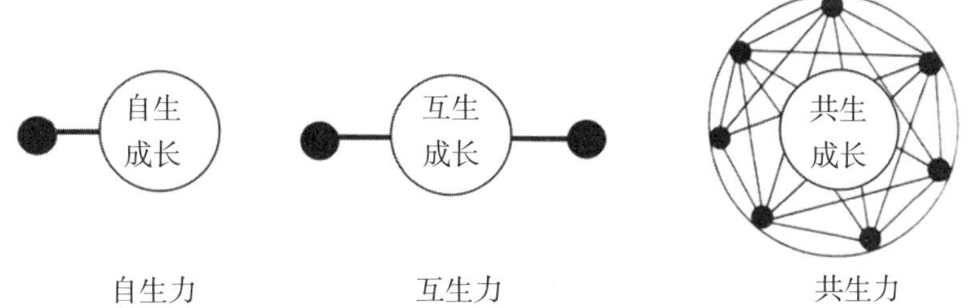

图 4–3 教师专业成长力三种生发路径比较

回到教师专业成长力函数模型中，n 是成长函数中的指数，表示自生力在内生变量中的核心意义，体现了个体的努力程度。当个体不愿学、不努力时，n<0。n 随努力程度的增强而不断增大，由此个体基础上的自生力（$1+X_1$）呈

正向且指数级向上增长，体现了人的自我意识在成长因素中的核心作用。人的情绪表现为不愿意时，n<0，会导致（$1+X_1$）n 值倒退；人的情绪表现为愿意和主动时，n>0，（$1+X_1$）n 值呈指数级向上增长。b 是成长函数中的未知常数，指人的成长环境，是成长的外生变量。环境不好时，会对成长产生负向影响，导致成长迟滞；但作为外生变量，按适切性理念，b 是可以由负向正转化的，让环境发挥正数作用，转化的关键条件是成长实践的适切性，以切实性实践促进成长力生发。

第三节　教师专业成长力的自我效能管理与培育

班杜拉的自我效能感理论认为:“自我效能感与能力有关，但又不是能力本身，而是人们在不同的环境下对自己所能做的事的一种信念或判断。”由此，教师自我专业成长的信念与判断可以理解为教师专业成长的自我效能感。根据教师专业成长力的函数模型，自我效能感与教师的教育信念和专业成长的意志相关，是教师实现自我专业成长的根本动因，直接影响教师的内驱力和行动力。所以，加强教师专业成长的自我效能管理，培育成长意识和强化内驱力，有利于教师专业自我的持续性成长。

其一，针对成长动力缺失问题，着力培育专业成长的自我效能信念。教师自我专业成长动力缺失的两个特征：一是自我专业期待不足，专业追求缺失；二是自我成长实践行动力不足，行为主动性缺失。教师对“我从哪里来”“我要到哪里去”问题认识不清，专业成长的动机和自我专业发展内驱力不足，造成专业成长意识缺乏，这是教师专业成长力弱的关键因素。在教师专业成长力的构成中，成长内驱力起着指数级意义的加权作用，所以，引导教师构建专业愿景，构筑教师的专业期待，提升教师专业成长自我效能信念，是培育教师专业成长力的重要内容。

自我效能信念是教师对实现专业自我的期许和愿望，以及由此产生的自我信念和成长意识。培育教师的自我效能信念，有助于强化教师的自我专业发展驱动力。一是做好自我发展规划，催生成长愿景。教师基于SOLO理论分析自我发展优势和不足，定位专业发展目标，勾画专业发展图景。教师形成了适切的自我发展愿景和专业期待，就能强化自我效能信念，激发自我发展的动力。二是做好自我成长计划，强化成长行动意志。设计好专业成长实践，以明晰的计划和坚定的行动，获得积极结果和效果，及时把成长经验转化为可见的成果，从实践到结果再到成果的过程，有利于深化自我专业成长的获得感，极大刺激和增强自我效能信念和自我专业成长意识。

其二，针对成长动力衰退问题，着力培育专业成长的自我效能知觉。在专业成长过程中，如果教师在成长实践中长期看不到相应的自我变化，专业期待失去原有的凝聚力，自我专业成长积极性被挫伤，就容易出现成长动力衰退的情形。教师成长实践不见其效，一般与教师成长实践偏失有关，主要表现为：一是行动理念的偏失。理念偏失，就是方向性的偏失。方向偏失主要与教师对专业认知、理解的偏失和理论基础较为薄弱有关。二是行动方法的偏失。方法不当，努力不得要领，就会影响效果。突破教师专业成长的实践偏失的困境，需要教师提升专业成长的自我效能知觉。

专业成长的自我效能知觉是教师对自我成长的理性认识、理解和判断，以及上述知觉影响下的行为判断和路径选择。提升教师的自我效能知觉，关键是提升教师对“教学学术”的认识和把握能力。“教学学术”是教师解决成长理念偏失和实践偏失的切实性路径。它不同于“专业学术”，侧重强调学术要为教学服务，以缩短学术理论与育人实践的距离，以学术理论的切实性运用实现教学理论的实践化和教学实践的理论化。学术理论的切实性运用，能够把专业业绩与专业成长统一起来，有利于教师实现专业与事业协调发展。

其三，针对成长动力暂歇问题，着力提升专业成长的自我效能悟觉。教师专业成长过程中，由于受某种外在原因的干扰，教师专业成长受阻，往往出现成长动力暂歇现象。成长动力暂歇，不利于教师专业成长力激发和专业成长。目前受旧的教学质量观影响，不少学校管理者存在“考试成绩重要，教学科研不重要”的二元对立思维。受这种思维的干扰，不少教师容易出现暂时的教研消极状态，陷入成长困境，以至于出现成长动力暂歇现象。尤其是一些年轻教师，缺少自身的教育实践经历，对诸多教育问题缺少深入的认识，容易受外部不当环境的困扰，从而影响自我专业成长力生发。

解决教师专业成长动力暂歇问题，关键是提升教师自我效能感悟觉。自我效能悟觉是教师对不同环境或环境改变的自我感悟能力和判断能力，以及由此形成的自我排除外力干扰的能力。提高教师自我效能悟觉的方法有以下三种：一是发展自我辩证能力，提升实践辩证意识。辩证思维作为认识事物的一种方法，同样可以在环境的认识中加以运用。顺境有助于教师成长力生长，逆境同样能促进教师成长力的发展，其关键是找到互相适切的方式，找到事物拨反为正的切入路径。二是确定自我发展目标。教师既是职业人、社会人，更是个体的人，除了满足教师职业与社会的需求，教师的个体生命价值也应得到关注。基于整合性思维，教师可以探索三种角色所期待的共同目标，在做到专业成长、实现自我价值的同时，满足学校和社会的需求。三是丰富教育理论，提升自我辨识能力。通过加强教育理论学习，提升教育认知能力，教师能够有效提升专业成长的自我效能悟觉，从而更好地驾驭各种外生变量。

第五章　中小学教学学术

高素养的教师才能有高质量的教学，高质量的教学才能培养高素养的学生。教与学的循环，于师于生都是且行且思的渐进发展过程。教学学术的初衷就在于发挥学术对教学的独特价值，以学术与教学的良性互动赋能教学，统筹解决教学的质量之失与教师的成长之困。基于中小学“轻学术重实践”的教学现实以及中小学教师“实践强理论弱”的实际，建构适切中小学的教学学术规范、要素模型并探索其教学运用，具有重要的实践意义。

第一节　中小学教学学术的内涵与特征

一、中小学教学学术的内涵

1990 年美国学者博耶撰文《学术反思：教授工作的重点》，“第一次将教学提升到学术的高度”[①]，其意显然，意以“学术赋能教学”，力促大学教学质量提升。其“教学亦学术”的观点因时而兴，因此成为教学学术的概念稚型。概念之初，教学学术的阐述仍存在诸多“未通之理”，博耶理论的偏失集中体现在重视了教而忽视了学。后来舒尔曼博士进一步丰富和完善了教学学术的内涵，形成了“教的学术”和“学的学术”融通于教学学术的新理解。“教学亦学术”内涵的微转身，突显了学科课程教学之中教与学密不可分的联系。后来的研究者，大多是在博耶和舒尔曼的概念内容的基础上，就教学与学术的结合与运用，进行不同维度的理性反思，以及不同程度的理论探讨，并由此极大丰富和促进了教学学术的内涵。博耶和舒尔曼“教学亦学术”的新理论，意在

① 徐明慧，罗杰·博学．“教学学术”运动面临的困境 [J]. 高教发展与评估，2012，28（2）：32.

“重科研轻教学”阻滞了教学的现实背景下，以“学术赋能教学”助力大学教学质量提升。博耶和舒尔曼的“教学亦学术”的理论创新，为大学的专业教学插上了学术研究的翅膀，其实质性意义在于突破了大学的专业教学与专业研究之间的意识鸿沟，有助于大学教师专业教学的质量提升和教师主动成长。

让学术参与教学，就教育现实而言，并不是规定性的命题，而是一种事实性的命题，在客观事实的背后，既有大量的现象存在的实然，也颇具理论生发意义的必然。基于教育发展实然与必然，将“教学亦学术”理念运用于中小学，建构其适切的内涵定义和切实的学术规范，尤其是学术研究的过程规范①，对深化基础教育的课程改革，有可预见的实践价值。可以说，在教学学术中，教学是学术的DNA，学术是教学的助推器，“教学亦学术”，强调把教学视作学术，教学始终是第一位的，坚持教学的本体地位，是教学学术运用的初心体现。“中小学教师毕竟不是专业研究人员，其主要研究目的并不在于建构系统的教育科学理论，而是要把育人工作与科研工作统一起来，研究教育工作中急需解决的有价值的重要问题。”② 基于对教学学术中“我是谁？”“我从哪里来？”“我要到哪里去？”等命题的哲学审视，对教学学术的适切定义可以形成如下理解：中小学教学学术要求把教师日常的教学实践视作学术，围绕学科教学的设计、实施、评价等学科育人问题，以适切性和学术化的教学行动，赋能教师成长，赋能教师教学。教学学术在中小学的适切运用，对教师深化教学、促进自我发展都有重要意义。富有教学学术意识的教师，能在自我重构专业基础上思考教学问题，常能透过教学现象中的教学问题，进一步认识和把握教学的可能和规律，并在学科教学发展中及时自我更新。

二、中小学教学学术的特征

教学既是实践活动，也是复杂的智力活动。教学真实发生的背后，蕴含

---

① 王恩华．学术规范概念研究的现状与重新界定 [J]. 湖南工业大学学报（社会科学版），2010（3）：66–69.

② 贾霞萍．对当前中小学教育科研工作的冷思考 [J]. 太原大学教育学院学报，2007（4）：31.

很多主观元素，也存在诸多偶然情境和可能发生的现象，所以，在一个兼具确定性和不确定性的复杂过程中，教学学术的切实运用，有助于教师专业基础重构，并在此基础上适切配置教学要素，优化学科教学。在中小学教学中运用"教学亦学术"的切实原则体现在：一是学术切入教学实践。教学学术中，学术是操作性的，教学才是本质，教师的主要任务是教学，所行学术要解决其教学之需。学术与教学要做到学术不远离学科、不偏离教学，做到教什么就要研什么，教与学的困惑在哪里，就在哪里让学术发光。二是学术切近教师实际。教学学术要为教师成长服务，就要切近教师的发展可能性，规范适切才能见效。中小学普遍存在"实践强而理论弱"的实际，学术运用唯有与教师的能力、水平相合，才能助其行。

教学学术适应教师的实际条件，并能解决其教学的实际问题，才能有效托举教师的教学和成长，这也是教学学术在中小学运用的价值体现。从内涵和运用原则可知，教学学术既要求把教学视为教师学术运行的载体，亦要把学术视为教学走深的桥梁。教学的载体和学术的桥梁互通互融，这种融通主要体现于：

首先，两项发展目标的融通。教学学术的两项发展目标，其一是赋能教学增效，其二是赋能教师成长，即既要以学术发力助教学发展，又要以教学创新促教师成长。教学学术于教于学循环交互、相促而行，两项发展目标能否融通递进，关键的前提是：保持学科施教现场和教师成长现场的一致性，且始终在现场坚定两个意识在场。第一个意识在场是教师的主体意识在场。教师要基于教育的契约责任、使命担当和对教学学术的理念认同，积极发挥学术主体的能动作用，以强烈的学术意识和学术主动谋教学发展。第二个意识在场是学术意识在场。学科教学在实践准备、实践行动、实践进阶的不同任务情境中，基于教学问题解决的不同需要，坚持学术运用，积极作为，促进教学与学术的良性互动。

其次，两种行动逻辑的融通。教学学术中隐含的两种行动逻辑，一是教学逻辑，二是学术逻辑。两者你中有我，我中有你，融通于学科教学之中。教学逻辑主要包括课程逻辑、教材逻辑和认知逻辑，学科教学需要融通这三种逻辑，才能顺利完成教学内容和组织的合理重构。学术逻辑体现的是研究过程和方法的逻辑，即教学问题从提出到解决赖于严谨的学术行动过程，以学术研究的严谨走深，以触及教学问题本质。“教学亦学术”，是把教学过程视作学术活动的过程，需要坚持教学逻辑和学术逻辑的融通，侧重表现为将学科教学的怎么教、效果怎样、怎样改进等教学问题转化为学术问题，并以学术之深入赋能教学之深出。

再次，两种学术类型的融通。教学学术包括两种学术类型，一是应用性学术，二是反思性学术。应用性学术和反思性学术是教学学术的前后两个情境运行阶段，彼此相接形成教学学术的循环回路。应用性学术以学术的有效应用以及教学的有效实施为根本追求，着重围绕怎么教的实践问题，发挥学术研究赋能教学深入的独特价值，主要表现为：课堂教授前，依托学术对学科教学的理念、内容、方法、路径等加以重构，赋能教师把握好“教什么、怎么教、教到什么程度”等方向性问题，以实现学科“基础性、人文性、思想性、综合性”的育人目标。反思性学术则以教学的反思省悟为特征，进行学术的探究活动，主要表现为课堂教授后，针对学科教学中暴露的问题、生成的思考和积累的经验，通过理性的分析、论证研究，透析教学问题本质，认识教学规律，内化教学智慧。深刻的教学体验和丰富的教学证据掌握，是反思性学术的重要证据源。

第二节　中小学教学学术的模型

一、中小学教学学术的核心要素

基于教学与学术的互动、互通、互融关系，教学学术在实践上与教学实施、教学淬炼和教学反思联系在一起时，才能产生其赋能以教的价值。从教学实践创新到教学淬炼成长，学术应用和学术省思是两条重要的“学术车轨”，而推动“学术车轨”的重要动力，既有责任元、智力元等能量供应元，也有实践元、研究元等行动操作元，分别代表教学学术的几个核心要素——教育契约、专业基础、课程施教和学术在场。教育契约“既要以教育变革为目标，也要以教育创新为手段，把教育作为一项公共事业、社会承诺、最重要的人权、国家和公民最重要的责任加以重视”①。这种契约体现的是教师的教育使命和教育担当，是教师的教学育人责任意识的具体概括。教师具有明确的教育愿景和目标，以及由此形成的教学担当意识，是学科教学中教师走向学术自觉、专业自觉的源动力，为后续要素发挥作用供应不竭的能量，而后续要素在教育责任的驱动下，构筑完整的“学术赋能教学”的循环回路。课程教学的成效是教师专业价值的体现。课程教学实践活动是教师以专业知识、专业素养服务于学生的学习成长的实践过程。教师已有的专业基础是智力保障，直接为其学科教学提供相应的专业支持。教师课程施教的能力体现在课程理解、教学设计、教学实施和教学评价等方面的理念与操作上，这些方面也是学术参与教学的重要切入点。学术在场是教师实现“学术赋能教学”的行动保障，在课程教学的不同环节中，基于不同的教学问题需要，适切运用应用性学术和反思性学术等不同类型的学术行为，促进教师与教学的成长与发展。

综上可知，教学学术的核心要素完整构成了其学术循环系统的能量供应、实践操作和学术运行回路。作为具有教学实践意义的学术运用，教学学术的发生发展存在两个基本前提：一是理念认同。教师对教学学术的理念认同，是学术运行的基本前提。二是环境有利。结果取向下，中小学的学术态度和由此形成的评价制度和文化，会极大影响教师的学术自觉，对教学学术产生正面或负面的影响。可以说，这两个条件是学术赋能教学的生发开关，影响教学学术的循环回路运行。

二、中小学教学学术的要素模型

基于教育契约、专业基础、课程施教和学术在场的内在联系和运行逻辑，设计和搭建教学学术相应的要素模型，具体如图 5-1 所示：

---

① 林可，王默，杨亚雯 . 教育何以建构一种新的社会契约？——联合国教科文组织《一起重新构想我们的未来》报告述评 [J]. 开放教育研究，2022（1）：15.

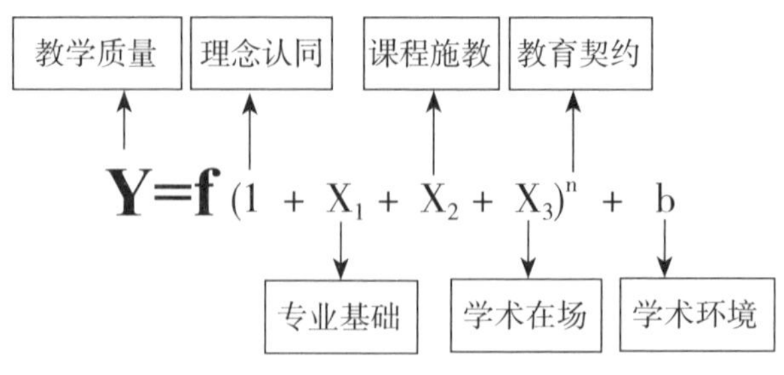

图 5-1　教学学术的要素模型

Y 为函数的因变量，1、X_1、X_2、X_3 和 n 的组合构成函数的自变量，b 为函数的未知常量。函数模型中 Y 表示教学学术的核心目标——教学质量，教学质量作为因变量，其结果与效果取决于函数中自变量和未知常数的运算结果。在公式自变量中，1 表示教师对教学学术的理念认同，也称为方向认同，是教学学术运行的基础和起点，在公式中意义可以保证自变量组合值不小于 1。教育契约、专业基础、课程施教、学术在场作为教学学术的核心要素，与 1 共同构成自变量。n 代表教育契约，$n>0$，n 数值越大，自变量计划越突出，教学质量就越突出。“学术环境”是教学学术运行的外在保障和增力元素，在模型中是未确定常数。教师所在教学环境利于学术运行，就会起到增力作用，反之就会阻碍学术运行，所以学校的学术氛围和环境至关重要。总之，在教学学术的要素模型中，教育契约是学术运行的动力源泉，专业基础是学术运行的智力条件，理念认同是学术运行的重要前提，学术环境是学术运行的外在保障，课程施教是学术运行的必要途径，学术在场是学术行动的体现，教学学术的价值是这些要素在教学之中良好互动、融通运行的结果。

第三节　中小学教学学术的应用

一、中小学教学学术的实践框架

学科教学具有实践性和不确定性的特点。这些特点决定了教师教学离不开教学学术的参与，因为教学学术能为实践提供力量之源，更是解决不确定因素的智慧之因。基于教学与学术互动、互构的关系，可以从能量供应、实践过程、学术切实三个维度，贯通教学学术核心要素的循环路径，运行框架如图 5–2 所示。

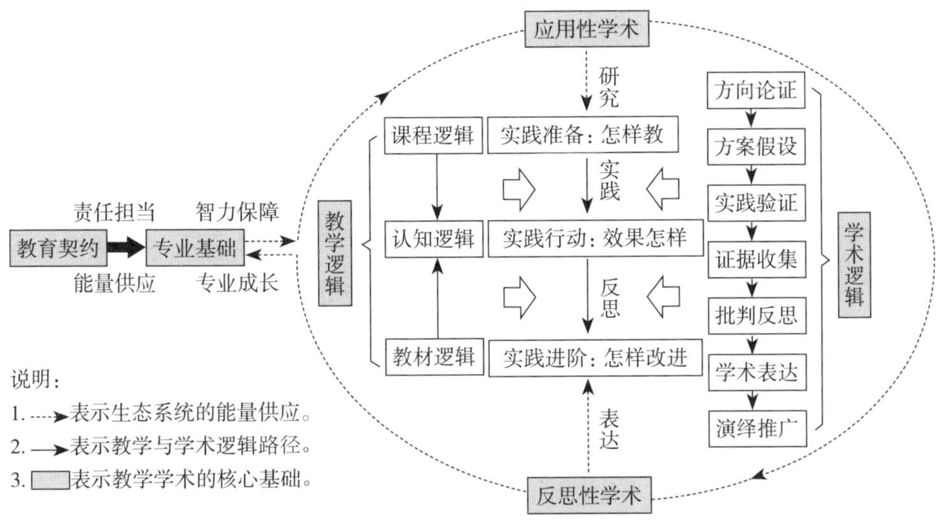

图 5–2　教学学术的运行框架

能量供应系统：能量供应系统即源动力系统，主要由教育契约、专业基础和理念认同构成，是教学学术运行的能量来源，其强弱决定学术运行的主动程度与可能达到的高度。具体而言，在教学学术的能量供应系统中，教育契约是源动力，专业基础是智力保障，理念认同是行动起点，它们也是教师专业成长力和教学组织力的基础和保障。

实践过程系统：学科教学是以课程为载体、以课堂为渠道的育人实践活动。教学学术的实践过程系统是学科教学中先做什么、后做什么、再做什么的程序性行动系统，主要包括实践准备阶段、实践行动阶段、实践进阶阶段。这三个阶段对应的主要任务是教学的备课、上课和反思三个环节，着重解决教学中的“怎样教”“效果怎样”“怎样改进”等问题。

学术切实系统：学术活动作为问题解决的科学方法，一般需要经过问题提出、方向论证、方案假设、实践验证、证据收集、批判反思、学术表达等环节。中小学教学学术的切实性运行，需要基于教学的实践准备、实践行动、实践进阶等不同实践节点，针对不同任务和目标而展开，学术的深入要从教学问题开始，再经学术的系列切实规范，最后到演绎推广等环节。实践准备阶段的学术切实规范，主要围绕“怎样教”问题展开，学术的研究体现出应用性特征。实践进阶阶段的学术切实规范，主要围绕“怎样改进”的省思问题展开，学术介入教学规律探索，学术研究体现出反思性特征。

二、中小学教学学术的教学运用

教学学术的运行框架，是在学科教学概念框架下架设而成，符合学术运行的内在机制。教学学术在教学中的运用，从教学角度看，要经过教学的实践准备、实践行动、实践进阶三个递进深入的阶段；从学术角度看，要经过研究的主题确立、假设设计、实践验证、批判反思与成果阐释等五个递进深入的阶段。下面以高中历史“第 23 课　从局部抗战到全面抗战”教学案例加以说明，如图 5–3 所示：

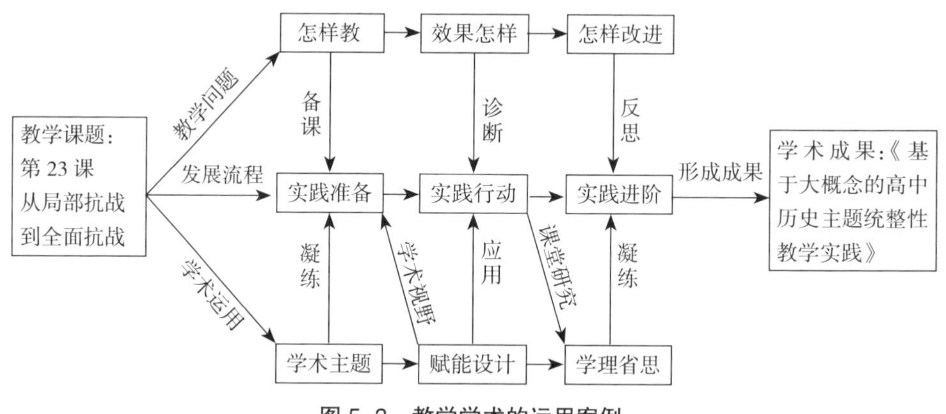

图 5–3　教学学术的运用案例

首先是问题转化为学术主题。这里的教学问题是指教师在对教学内容特点和目标进行整体理解的基础上，思考“怎样教”的问题，包括怎样教、教到什么程度、怎样学、学到什么程度等具体问题。上述教学问题如何解决、解决到什么程度，决定了学科教学的可能方向与发展可能程度，而对上述问题的研究，成为教学走向成功的起点。基于“教学亦学术”的理念，教学的起点也是教学学术的起点，所以把教学问题转化成为学术主题是教学学术运用的一个基础环节和学术抓手。教学问题转化学术主题的具体操作：一是对具体问题进行概念抽象，二是思维抽象后进行观点化陈述。

例如，“从局部抗战到全面抗战”一课，教材特点是内容多、跨度大，概念多达二十个，概念之间的逻辑交叉相对复杂，教学目标除相应的知识掌握和历史理解，更重要的是帮助学生形成相应的历史认知和正确的历史价值判断。如何统筹解决这些问题，成为实践准备的难题。基于本课历史概念多、头绪复杂、育人目标明确的特点，可以把“怎样教”的难题转化为教学研究的切入问题，并将其升格为学术深化的主题——“基于大概念的高中历史主题统整性教学实践”。把复杂内容结构化，有利于学生整体把握历史发展；把内容学习主题化，让价值生成融入教学过程。如此，教学就具有了育人发展高度，有利于学科教学向学科育人转变。但具体如何实施此方向的教学，仍需后续深入研究。

其次是学术赋能教学设计。学科教学中存在许多复杂元素、对立矛盾。学术赋能教学，就要在实践准备环节让学术充分参与进来，理清教学中的复杂元素，拓展教学空间，避免教材的局限，克服凭经验的古板教学。仅凭感觉，学科教学容易脱离教育、教师和学生实际而走偏；缺乏理性，教学创新容易走向为改而改的误区。所以，强化学术可以发挥教学建构的杠杆效应，优化学科教学的内部要素的配置。学术为用，是教师摆脱纯感性的经验教学，学科教学由感性自觉走向理性自觉的重要途径。学术赋能教学设计的可行操作如下：一是学术涵养教学主题，让教学主题兼具时代性、学理性；二是学术丰富教学情境，让教学情境更具学科张力，促进学生学习力的激发；三是设计学术型课堂，以情境性问题驱动，激发学生学习探究和思辨的兴趣。

例如，在“从局部抗战到全面抗战”一课确立教学主题“和合铸魂：一曲民族团结抗战的奋进之歌”过程中，一方面充分理解、把握课标依据、课程依据，一方面融通《人民日报》2020 年发表的《全民族抗战是中国人民抗日战争胜利的重要法宝》等学术依据，让本课的主题既符合了课标内容的逻辑定位，也符合了课程内容的目标定位，更应合了学术的时代认同。教学主题的确立既有价值高度，又有学术张力。后又基于系列学术成果，如《抗日家书》《国民党正面战场抗战最纪录》《中共敌后战场抗战最纪录》《血与火的民族抗争——日本侵华时期沦陷区奴化教育史纲》《西安事变新探》《局部抗战时期中国报告文学研究》等，整理出包括著作的目录在内的十多份经典的学史情境化资源，为实现本课教学内容问题化、教学问题情境化、教学过程思辨化，创造了发展空间。

再次是切实省思课堂教学。教学学术的两项发展目标中，赋能教师主体成长的主要途径之一就是对教学及时进行切实反思，这是教师实践进阶的关键所在。“人无完人，课无完课”，教学之后及时对自己所教和学生所学开展有深度的教学省思，有利于教师及时发现、改进和完善教学之不足，有利于教师自身的专业更新、成长。教师对教学的省思是否能够顺利深入和深出，要把握好两个紧要的开关：一是切实性的教学淬炼。基于学术研究设计教学，可以克服经验的局限，在实践运用中创造新思新悟。这种具有探索性的实践和经验的及时淬炼，尤利于智慧生长。二是主题性的学术研究。以淬炼后的教学案例为例，对学术主题进行深入研究，丰富教学认识，思悟教学规律。

例如，在“从局部抗战到全面抗战”教学的省思实践中，对学术主题“基于大概念的高中历史主题统整教学的实践”进行了深入的学术研究，形成了对核心素养下高中历史教学的系列理性认识：核心素养下的统整性教学要有本源意识和统整意识。第一，本源意识。所谓教育的本源意识，就是要从事物的源头上思考教育。核心素养下历史教学的源头体现在两个方面：一是教育对象的源头，二是学科本质的源头。第二，统整意识。所谓统整意识，就是教学理念的各部分、操作的各环节设计要有整体观，用一个全局的视角来统整演绎学科教学逻辑。教学的统整设计需要做到三个结合：一是知识与概念的统整结合，二是概念与主题的统整结合，三是主题与问题的统整结合。这些省思感悟都可以促进教师教学理念更新和思维发展。

最后是理性阐释学术成果。英国学者托尼・比彻指出，学术研究最根本的就是交流[①]。教学学术的学术价值除了表现为能够为教师的自主成长和教学的实践创新赋能增效，还常常表现为以一种公开化的方式，发挥其应有的社会公共价值，“公共性是教学学术的价值性特征”，“教学学术的研究成果必须能够提供证据，而且能够被保留、评价、存档和传承”[②]。对教师和教学而言，教学学术的学术共享价值主要通过教学报告、教学论文、教育叙事、教学课例等切实性成果载体呈现。除了教学设计、教学课例这些现场记录性成果，最具普适性的切实学术成果形式有教学论文和教学叙事。教学论文以淬炼后的课例为可信论据，阐释、论证学术主题的可行性与可能性。教学叙事对教学中的典型经历和细节进行生动叙述并阐明理性思考。它们兼具三个基本功能：一是存档功能，记录研究成果；二是传播功能，传递学术观点；三是内炼功能，内化实践智慧。在表述学术成果时，基于切实性的表达原则，要做到以下两点：一要紧扣教学淬炼和批判反思认识，从是什么、为什么及怎么办的角度，递进阐释教学实践和教学认识；二是适切借力学术研究的工具，以教育理论、原理的适切运用为支架，增强学术成果阐释的学理化层次。

例如，基于本次教学实践经历，笔者撰写了学术文章《基于大概念的高中历史主题统整性教学实践》，文章结构切实性特征明显，体现了学术成果“基于实践、围绕实践、高于实践”的理念。文章依据本次教学体验和淬炼实践，展开理性分析，阐释了问题之源、教学之策和实践之悟，最终形成学理结论：“从局部抗战到全面抗战”的课堂实践是一种大概念下学习主题问题化的思维发展型课堂模型。课堂的成功实践，需要坚持以素养为标，以知识为基，以思维为桥，“立”“学”“破”“用”，统整设计，融通共进，让历史学习渐次实现为理解而教，为思维而教，为生成而教[③]。此文后发表在《新课程评论》2022 年第 4 期。

学术赋能教学，这样的教学有探索的方向、有实践验证，每一次教学都

---

① 比彻，特罗勒尔．学术部落及其领地：知识探索与学科文化 [M]. 唐跃勤，蒲茂华，陈洪捷，译．北京：北京大学出版社，2008：110.

② 刘刚，蔡辰梅，庞 玲．教学学术：概念辨析及本质探究 [J]. 高教探索，2018（11）：50.

③ 陈洪义．基于大概念的高中历史主题统整性教学实践 [J]. 新课程评论，2022（4）：85–92.

是一个好的教学案例；学术赋能教学，这样的学术有切身的教学实践体验、有切实性的学科教学反思，每一次实践省思的理性阐释都在为形成一篇好的学术成果积累素材。教学学术，也是学科理性建设的重要保障，包括科学理性、哲学理性，是学科教学可持续发展的重要路径。就一次教学实践而言，文章撰写往往可以打通教师专业成长的“最后一公里”，是教师从教学经验走向教学理性的重要助推器。

教学学术要求“把教学视作学术”。学术是服务于学科教学本体的，切不能误作为“把教学变为学术”，自始至终，教学的本体性地位是不可改变的。发展教学学术需要把教学和学术以“合金”形式统一于学科教学之中，深化课程理解、优化教学操作、省思教学实践，在“怎样教”“效果怎样”“怎样改进”等问题解决的循环回路中提升教学质量、强化教学经验、内化教育智慧。大量实践证明，教学学术的意识和能力是可以有效培养和强化的，也是实现学科教学可持续发展的有效保证和可行路径。

例如：

一个学术型发展的高中物理教师，他通过不断深化自己的学术研究和教学实践，实现了自身的内化成长。

这位教师在教学实践中发现，学生对物理概念的理解常常存在困难。为了解决这个问题，他开始积极参与学术研究，并将研究成果应用到自己的教学中。

他参加了多个物理学术会议，并与其他物理教师和研究者进行交流和合作。通过与专业人士的互动，他不仅了解到最新的物理研究进展，还深入探讨了更新颖的教学方法和策略。

同时，他也积极参与科研项目，进行物理实验和数据分析。通过自己的研究工作，他对物理原理有了更深入的理解，并且能够将复杂的物理概念转化为学生容易理解的形式。

在教学实践中，这位教师运用自己的学术研究成果，将物理概念与学生的实际生活联系起来。他设计了一系列的实验和活动，让学生亲身体验和探索物理现象，从而加深对物理概念的理解。

通过这种学术型发展，这位物理教师实现了自身的内化成长。他不断深化自己的物理学知识，将学术研究成果应用到教学中，提高了学生的学习效果和兴趣。他也通过参加学术会议和科研项目，与其他专业人士进行交流和合作，拓宽了自己的教学视野，提升了自己的学术水平。

第三部分 ◎ 教师适切性成长的路径

第六章　教师适切性教研

适切性教研是一种以实践为特征的教学研究方法，教师通过适切和主动的实践探索教育教学中的适切路径。它不仅助力教师的专业发展追求和专业自我实现，还重视教师个体化、差异化成长需求。适切性教研以人学与哲学为基础，关注对教学实践的反思与成果的实际运用。在其运行理念中，最核心的部分是从人出发，而不是从职业出发来理解教研行为的选择和运用。这意味着教师应该主动将自我实现的目标融入教学实践问题的解决过程中，将理论提升与实践经验相结合。通过培养自身的专业能力和探索精神，教师可以为提高教学质量和促进学生发展提供强力支持。同时，适切性教研也为教师获得专业幸福感和实现职业理想提供有效保障。特别需要关注的是，适切性教研是以人为中心的教学研究方法，强调教师个体的成长和发展。它通过融通整合教育理论和教师实践，培养教师的专业素养，为提高教学质量和学生发展提供支持。同时，它也能提升教师的幸福感和助力教师专业自我实现，为教师的职业理想圆梦提供保障。

第一节　教师适切性教研的内涵

教育的高质量发展需要教师的高质量教学，高素养的教师是教育高质量发展的重要保障。培养具有强烈教育责任感和使命感、专业素养高的教师成为当今教育的紧迫任务。传统的教学研究往往过于理论化和学术化，对广大一线教师，尤其是乡村教师的研究，往往缺乏实际的针对性和实践的操作性，研究成果难以直接融入教学实践之中。适切性教研正是为了解决这一问题而提出的，强调教学研究与教学实际问题的紧密结合，在实践问题的有效解决过程中促进师生专业成长。

例如，在乡村教育中，教师面临着资源匮乏、学生多样和教学环境复杂等挑战。为了提升教学质量，乡村教师可以通过适切性教研来解决实际问题。乡村教师可以通过在教学实践中观察和反思，发现学生的学习特点和需求，了解他们的背景和家庭环境，从而制定针对性的教学策略。比如，在教授数学知识时，乡村教师可以结合学生的实际生活和农村环境，设计一些与实际问题相关的数学应用题，使学生能够更好地理解和应用所学知识。此外，乡村教师还可以通过与同事和学生家长的交流合作，共同探讨教学问题和解决方案；也可以组织教研活动，分享教学经验和教材资源，互相学习和借鉴，共同提升教学水平。

总之，乡村教师在适切性教研中可以通过实践和反思，解决实际问题，提升教学质量。适切性教研将理论与实践相结合，为乡村教师提供了一种可操作性强的教学研究方法，帮助他们更好地适应乡村教育的特点和需求，为乡村教育的高质量发展贡献力量。

适切性教研是一种以满足教师个体内在需求与发展为核心的教学研究方法与实践。其主要目的是通过因地制宜、因时制宜、因势制宜和因人制宜的教研活动，赋能教学创新，帮助教师获得专业幸福感，并推动其职业理想的自我实现。适切性教研的重点在于根据教师的个体需求和个性差异，教师主动探索、自觉反思、积极凝练智慧，从而促进自我发展。它的理论基础既包括人学（人的全面发展理论）又包括哲学（关于真理的思考），旨在探索教师自身的教学适应性和研究成果的合理性。适切性教研的核心思想是教师应根据自身的特点、学生的需求和教学环境的变化，灵活地选择适合的教学策略和方法。它强调教师的主体性和创造性，鼓励教师在教学过程中发挥自己的专业知识和经验，积极探索适合自己和学生的教学方法。

从上述内涵可知，适切性教研的主要特点可总结为如下两点：

一是适切性教研是以实践为特征的教学研究方法。它强调教师在教育教学实践中主动探索和反思，从而寻找适合自己和学生的教学路径。适切性教研注重将理论知识与实践经验相结合，通过实际操作和实践反思，不断提升教学效果和教师的专业能力。适切性教研中，教师通过教学实践来验证和改进教学方法和策略。他们观察学生的学习情况，分析教学效果，并根据实际情况调整和改进教学方法。适切性教研强调教师的实际操作和经验积累，通过实践中的反思和总结，不断提高教学质量和学生的学习效果。

例如：

一位教师在教授数学课程时发现，学生对于解题方法的理解存在困难，他们需要更多的实践机会来巩固知识。这位教师意识到传统的讲解和练习模式可能无法满足学生的需求，于是决定尝试一种新的教学方法。他开始进行适切性教研。首先，该教师对自己进行反思，思考如何能够更好地满足学生的学习需求。然后，他积极探索不同的教学策略和方法，寻找适合学生的解题实践活动。在这个过程中，他参考相关的教学研究成果、与其他教师交流经验，并进行试验和反馈。最终，这位教师决定采用小组合作学习的方式，让学生在小组中共同解决实际问题。他设计了一系列的实践活动，让学生在实际情境中运用数学知识解决问题。通过实践，学生能够更深入地理解解题方法，其解决问题的能力也得到提升。

这个例子展示了适切性教研的实践特征。教师通过主动探索和反思，根据学生的需求和教学环境的变化，选择了一种合适的教学方法。他不依赖于传统的讲解和练习，而是通过实践活动来促进学生的学习和发展。这种实践性的教学研究方法能够帮助教师更好地适应教学需求，提高教学效果。

二是适切性教研是一种主动型教师专业成长方式。教学的创新发展，需要教师善于批判反思，审视传统经验和做法，站在学生立场上，关注学生的个体差异，创新教学方法。适切性教研是一种注重教师个体发展和教学创新的教学研究方法与实践。它强调教师教研成长的自主性和反思性。教师基于教学实践自省、批判性思考和教研成果输出来提高教学智慧和能力，帮助教师提升教学水平，实现自我发展和职业理想。

从人学角度来看，适切性教研将教师纳入社会整体发展体系之中，要求教师对个人的成长需求有充分的认识，深入总结自己的教育信念、价值观和个人经验等。通过这种清醒和明确的自我认知，教师能更加全面地了解自己，发现自己的优势和不足，并为自己的成长自觉提供合理的目标选择和动力支持。从哲学角度来看，适切性教研要求教师具备批判性思维和探索精神。核心素养下的教育发展要求教师关注学生的全面发展，包括认知、情感、社会和道德等方面。

下面是一个适切性教研的成长案例：

一位中学语文老师在教学中发现学生对于文言文的阅读理解存在困难，且表达能力较弱。他意识到传统的讲解和练习模式可能无法激发学生的兴趣和提高他们的阅读能力，于是他决定进行适切性教研。首先他开始反思自己的教学方法和策略，思考如何能够更好地激发学生的阅读兴趣和提高他们的表达能力。他积极探索不同的教学资源和方法，参考相关的教学研究成果，并与其他语文教师进行交流和经验分享。

在适切性教研的过程中，教师决定尝试一种新的教学方法，即利用多媒体技术和互动式教学来帮助学生更好地理解文言文和提高表达能力。他设计了一系列的阅读和表达活动，包括使用多媒体资源进行文言文解读和分析，学生开展小组讨论和演示，并完成写作任务。通过实践和反思，教师发现这种新的教学方法能够激发学生的兴趣，提高他们对文言文的理解和表达能力。他观察到，学生在互动式教学中更加积极主动，他们的阅读理解和表达能力也有了明显的提升。

这个案例展示了适切性教研对教师个体发展和教学创新的重要性。教师通过主动探索和反思，选择了一种适合的教学方法，并在实践中观察和评估教学效果。通过适切性教研，教师不仅提高了自己的教学能力，也帮助学生提升了阅读理解和表达能力。这种教学研究方法和实践有助于教师实现自我发展和职业理想。

适切性教研的学术意蕴在于深入研究教学领域，提高教师专业水平，促进学生的学习成绩和个人发展。首先，体现在教师对教学的深入研究上。教师通过不断探索、实践和反思，积极寻找适合学生的最佳教学策略。其次，体现在教师以科学、系统的方式进行教学研究上，推动教育理论与实践的紧密结合。再次，体现在教师专业能力的提高上，教师深入研究教学实践，互相借鉴经验，分享教学成果。适切性教研的学术意蕴还表现在对学生个体差异的尊重和关注上。通过个性化教学，有针对性地帮助学生发挥长处、弥补短处，从而全面提高学生的综合素质。

由此，教师的适切性教研也可以定义为一种教师专业发展的形式，是一种以教师为主体、以实际问题为导向、以合作研究为手段的教师专业发展形式。它强调教师在实际教学中的问题解决，通过研究教育理论和教学实践，探索适合自己的教学方法和策略，促进自我的成长与超越。同时，它也强调教师之间的互相学习和分享，通过教师间的合作和反思，不断改进和创新教学实践，以适应不断变化的教育环境和学生需求。

适切性教研通过应用认知心理学理论，探索教师的思维方式、知识结构和问题解决策略，以提升教师的思维能力和问题解决能力。同时，基于教育哲学理论，关注教师的教育理念、价值观和教学目标，帮助教师反思自己的教育理念，探索教育目标的实现途径，并强调教师的情感关怀和人际关系的重要性。基于社会学习理论，认识到教师发展不仅仅是个体的过程，还受到社会环境的影响。综上所述，适切性教研是一种理性和学理化的教师专业发展过程，融合了人学、哲学和社会学的理论基础，旨在帮助教师提升思维能力、更新教育理念和发展教学能力。

适切性教研是一种适宜的教师研教行为和方式。教师对教学实践进行深入反思和分析，并与其他教师进行合作研究，以提高教学质量和满足学生的学习需求。适切性教研的核心是教师的教学反思。教师通过对教学过程、学生表现和教学效果的观察和思考，能够更好地了解学生的学习需求和教学挑战。同时，适切性教研注重教师之间的合作和交流。教师们可以共同研究和讨论教学问题，互相借鉴经验和教学方法，共同解决教学难题，提高教学效果。适切性教研的价值在于促进教师的专业发展。教师通过不断进行教研活动，提高自己的教育教学能力和专业素养，不断适应和应对教育改革和学生需求的变化。适切性教研不仅有助于教师个人的成长，还能够推动整个教育系统的发展，提升教育质量。

适切性教研的适宜性演绎，包含知识输入型教研、思维输出型教研和综合应用型教研三个步骤。知识输入型教研是适切性教研的第一步。教师通过学习相关的教育理论、教学方法，钻研教材内容，不断丰富自己的教育知识储备。这种教研方式注重教师对新知识的学习和理解，以及对教学资源的收集和整理。通过知识输入型教研，教师能够更新自己的教育观念，拓宽教学思路，为后续的教研活动打下坚实的基础。思维输出型教研是适切性教研的第二步。教师通过对教学实践的反思和总结，将自己的思考和经验输出成可分享的教学资源。这种教研方式注重教师对教学过程的思考和分析，以及对教学效果的评估和改进。教师可以通过教案、教学设计、教学反思等形式，将自己的教学经验和教学成果进行整理和分享，为其他教师提供借鉴和参考。综合应用型教研是适切性教研的第三步，也是最终目标。教师通过与其他教师的合作和交流，将各自的教学经验和教学资源进行整合和应用。这种教研方式注重教师之间的合作互动，共同研究和解决教学难题，共享教学资源，提高教学质量。通过综合应用型教研，教师能够在实践中不断完善自己的教学方法和策略，实现教育教学的最佳效果。

适切性教研是一种适宜的教师研教行为和方式，其理论依据主要包括以下几个方面：

第一，教学反思理论。适切性教研强调教师对自己的教学实践进行深入反思和分析，以发现问题和改进教学。根据教学反思理论，教师通过对教学过程、学生表现和教学效果的观察和思考，更好地了解学生的学习需求和自身面临的教学挑战，从而更有针对性地进行教研活动，提高教学质量。

第二，协作学习理论。适切性教研强调教师之间的合作和交流，以促进教学水平的提升。根据协作学习理论，通过与其他教师共同研究和讨论教学问题，教师可以互相借鉴经验和教学方法，共同解决教学难题，提高教学效果。

第三，专业发展理论。适切性教研是教师专业发展的重要方式之一。根据专业发展理论，教师通过不断进行教研活动，提高自己的教育教学能力和专业素养，不断适应和应对教育改革和学生需求的变化。

适切性教研既是一种教师适性扬才的专业成长方式，同时也是一种具有适宜性特征的教师教研方式。它注重教师的个体差异和专业需求，以满足教师的个人发展和教学实践的需要为出发点和目标。

首先，适切性教研关注教师的个体差异和专业需求。教师在教育教学实践中具有不同的经验、知识和技能，而适切性教研的目的就是根据不同教师的需求，提供相应的教育资源和支持。教师可以根据自己的兴趣和专长，选择适合自己的教研内容和方式，实现个性化的专业发展。

其次，适切性教研具有适宜性特征。适宜性是指教研活动与教师的实际情况和教学环境相适应，具有可操作性和可持续性。适切性教研通过提供相关的教育理论、教学方法和教材内容，帮助教师更新教育观念，拓宽教学思路，提高教学质量。同时，适切性教研注重教师的思考和反思，促进教师的教学实践和教学效果的改进。

总之，教师的适切性教研不仅仅是一种系统的教学研究方法，更是一种有益于教师和教育事业健康发展的教研形式和教师专业成长方式。适切性教研的学术意蕴在于为教师提供深入研究教学、提高专业水平和关注学生个体差异的机会。通过适切性教研，教师可以深化教学理念，提升教学效果，同时也更好地满足学生的需求和期待，推动教育事业的不断发展和进步。

第二节　教师适切性教研的机理

教师是教育事业的中坚力量，提高教师的专业能力水平是教育改革的重要任务。适切性教研作为一种系统的教学研究方法，其重点是教师通过适切的研究主动探索教学适切路径。教研行动强调教师个体差异和发展需求，坚持以理性反思为基础，关注实际运用，将科学理论与实践经验相结合，培养教师的专业能力和教学创新精神，从而提高教学质量和促进学生全面发展。适切性教研作为一种新型的教研理念和教师专业成长模式，逐渐成为一线教师“主动型成长的专业引擎”。适切性教研的内在机理包括：教研目标的可达成性、教研方式的可操作性、教研条件的可承受性和教研成果的可应用性（见图 6-1）。

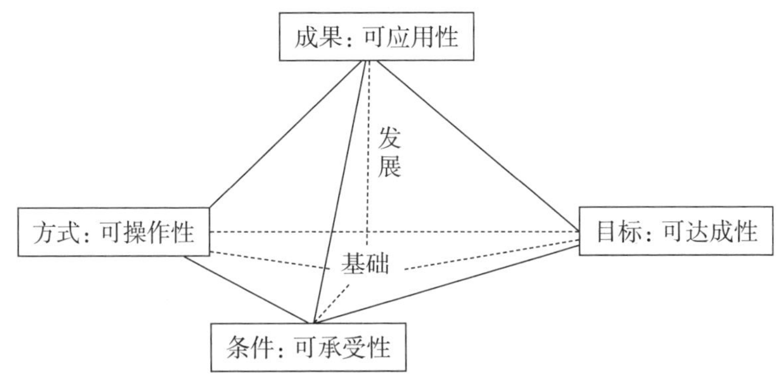

图 6-1 适切性教研的内在机理

一、教研目标的可达成性

教研目标的可达成性是指教师在进行教学研究过程中，能够明确具体、实际、可行的教研目标，并且能够通过适用的教研策略，实现预期的教研结果。教研目标在现实条件下得以实现的程度如何，往往受到多种因素的影响，包括教师自身的能力、兴趣、资源的支持、教研规划的合理性等。教师应该根据自身的情况和发展需求，合理制定教研目标，提高目标的可达成性。制定研究目标应该遵循可衡量、可操作、可达成的原则，并在实际运行中根据实际合理调整、优化，以达到预期的研究成果。例如，可以在学科教研中，明确激发学生学习兴趣、提高学生参与度、改进学生学习方法等目标，同时确立在班级教学中提高整体成绩、降低挂科率等符合实际情况的目标。目标既要可行，又要符合现实情况。教师还需要明确目标的量化指标和评价方法，以便对教学研究的效果进行评估和反馈。

二、教研方式的可操作性

教研方式的可操作性是指教师在选择教研方法时，要考虑自身的实际情况、个性特点和能力状况，选择符合自己实际和发展需要的教研方式。可操作性高的教研能够提升教师的教研积极性，有助于推动教育教学的创新和发展，让教师获得教研幸福感和成就感。教研方式的可操作性的重要前提是教师对教研的认可，所以，要站在教师的教研主体的角度来思考教研行为的针对性和实践可行性问题。例如，在符合一线教师工作特点和成长需求的教研方式中，可行的选择方式有：班级教学研究，探索班级整体教学水平提高的方法；学科教学研究，钻研教学方法和策略的改进方法；协作研究，共同探讨和交流教学艺术等。对于喜欢独立思考和探究的教师，可以选择探究性的教研方式；对于注重实践操作的教师，可以选择行动研究的方式。

三、教研条件的可承受性

教研条件的可承受性指教师在其能力范围内承担相应的研究任务，并能积极应对所面临的挑战和困难。研究条件的可承受性的实质是教师教研毅力强弱的表现，是教师保持积极的动力和专注的态度，克服面临的困难和挑战，以及适应具体的教研环境的能力。教师的个人毅力可承受性也涉及教师个人的心理健康和身体健康问题。因此，教师应该注意保持自身的心理和身体健康，提高个人毅力可承受性。同时，教师还需要具备教研实践的灵活性和适应性，在不同的教研情境下能够快速调整教研行为和思维方式。提高教师教研毅力的途径有：一是培养研究兴趣和探索精神，二是加强自我管理和规划能力，三是加强团队协作和交流，四是提升研究能力和强化责任意识。

四、教研成果的可应用性

教师教研成果的可应用性是指教师在进行教研过程中所得出的结论和成果，能够在实际教学中得到有效应用。教师在教学研究中总结出行之有效的教学教研成果，并将其应用到实际的教学中，能直接对教学产生积极的影响。研究成果的可应用性取决于教研过程中涉及的问题、研究方法与研究结论是否真实可靠、具有可操作性和可持续性，并且能够在实际教学情境中被教师或其他相关人员所接受并应用。适切性教研的目标之一就是要研究出成果并及时将研究成果应用到实际教学中，促进教学质量的提升。例如，教师可以根据自己的教研成果设计更有针对性的教学方案，以更好地提升学生的学习效果。教师也可以根据自己的教研成果改进评价方法和标准，让评价更具有科学性和客观性。教师还可以根据自己的教研成果，开发适用于自己课堂的多种教学资源，以激发学生的学习兴趣和提升学生的课堂参与度。

总之，适切性教研是一种重视实践和个体差异的教学研究方法。适切性教研的机理——教研目标的可达成性、教研方式的可操作性、教研条件的可承受性和教研成果的可应用性，四条适切而研的标准线，四维一体，共同为培养教师的专业自觉意识、专业发展力和专业探索精神，提高教师教学质量和促进学生发展提供有力支持。

第三节　教师适切性教研的路径

适切性教研是一种基于教育实践问题、注重实践探索和循环实证的教学研究方法。它强调教师在教学研究中的主体地位，鼓励教师通过实践探索来发现和解决教育教学中的实际问题，从而提高教育教学质量，促进教师自身对职业的认可与归属。在适切性教研过程中，教师需要针对自己的教学实践问题，根据成长需求设计有针对性的研究方案，在实际操作中通过观察、分析、总结和反思，不断完善教学实践，促进教学效果的提升。该方法针对的问题明确，是一种促进教学创新和发展的有效手段，也是一种针对性、灵活性强，具有可操作性和可持续性的教学改进方式。

就适切性教研应用与操作的综观而言，其可视化路径有四条（见图 6–2）。

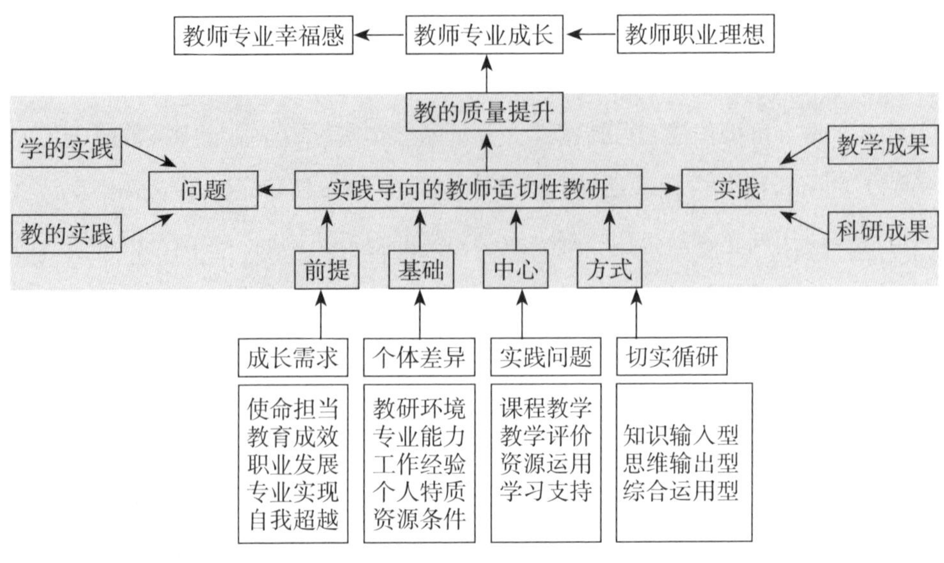

图 6-2　适切性教研的可视化路径

一、以成长需求为前提

适切性教研需要适应教师的成长需求，包括使命担当、教育成效、职业发展、专业幸福和自我超越等。教师以需求满足为动力，深耕教学，主动成长。具体而言，在使命担当层面，强调教师应该拥有为学生成长做贡献的愿望和责任感，能及时了解学生的需求，发现解决问题的方法，提高教育质量。在教育成效层面，强调教师要以质量为导向，注重课堂实践，通过对教学效果的评估和改进，提高教学质量和学生的学习成效。在职业发展层面，强调教师通过掌握有效的教学方法和策略，提高教学技能和专业知识水平，进而增加职业发展和晋升机会。在专业实现层面，需要教师在教研过程中感受到自己的工作价值，增强对教育事业的认同感和满足感，从而给自己带来专业幸福感。在自我超越层面，强调激发教师的创新思维和自我超越精神，促进教师不断拓宽自己的教育视野和教学格局，探索和尝试新的教学方法和教育理念。

需求是动力之源，个人专业发展需求是教师持续进步的动力源泉，同时也是教师教研活动的根基。每个人都有不同的成长需求，适切性教研需要根据不同的目标取向[①]，理解并满足教师的成长需求。首先，教师需要结合自身实际情况，明确适切的、渐进的成长需求。在确定个人专业发展需求时，需要关注自身的教学环境、教学资源以及学生群体的特点等因素。只有明确了适切的需求，教师才能有针对性地进行教研，将精力集中在关键的问题上，并取得更好的成效。其次，教师需要将个人专业发展需求融入日常教学工作实践中。教师的专业发展不应只停留在理论层面，更需要落实到具体的教学工作中。通过不断创新实践和反思，教师可以将理论知识转化为教育行动，不断提升专业水平，“具备了独到、完备的默会知识，又具备了相关的明确知识、学科教学知识，也就自然而然地进阶为‘既能说、又能做’的专家型教师了”[②]。教师还需要保持积极的学习态度和持续的自我反思意识。

教师的个人需求和发展是教师教研的前提。只有满足了教师个人需求和发展目标，形成教研动力，教师才能真正参与到教研行动之中，从而不断提升自己的教学水平，并为学生提供更好的教育助力。例如，某个语文老师，期待发展自己情境教学能力，在教学实践中，他想要尝试创造真实的情境，让学生通过互动、演绎等方式来达到更好的语文教学效果。为了实现这个目标，他可能需要参加相关的培训课程和研讨会，学习关于情境教学的理论和实践技巧；他还可以与其他语文老师进行合作，共同探讨如何在课堂上构建真实的情境。通过努力，教师可以不断提高自己的情境教学能力，进一步丰富课堂教学内容，从而提高学生的语文学习效果。

二、以个体差异为基础

所谓个体差异需要考虑的因素包括教师所处的教研环境，已有的教研经验、个性特征和教研资源条件。具体而言，在教研环境层面，教师所处的教研环境和条件存在差异，尤其在城乡之间存在明显差异，主要表现在教学资源、

---

① 张红坚，顾兴明．片区成长联盟：改进区域教研的组织创新与运作研究[J]，上海教育科研.2020（5）：63–67.

② 孙春福．骨干教师如何突破专业成长“高原期”：兼谈基础教育教研与科研的融合 [J]. 江苏教育研究，2022（25）：36.

学生成长环境、教师培训和交流、学校管理和教育经费等方面。在专业能力层面，不同教师的专业能力、知识面、课程设计水平等也会影响教研的方向和效果。在工作经验层面，有些教师已经积累了丰富的教研经验，有些教师则刚刚开始进行教研。教师需要根据不同的情况选择不同的教研方式和组织形式。在个人特质层面，每位教师有不同的个性特征，有些教师喜欢独立思考和研究，有些教师则更适合团队合作。教师需要根据自身不同的个性特征来灵活调整教研组织方式和形式。在资源条件层面，教育资源的分布也不均衡，一些学校和教师可能面临资源缺乏的情况，此时就需要考虑如何在资源有限的条件下开展教研活动。

教师能力和条件的差异指向的是适切教研主体的不同基础。教师选择和采用与自身实际和教学工作具体特点相符的教研方法，是提高教师教研效果的关键所在。教师个体差异是适切性教研的基础，只有充分考虑这些因素，才能制定出具体可行的教研方案，从而提高教师的教学能力和水平。首先，教师应该充分了解自己的教学情况和工作特点。每个教师拥有不同的教学环境、学生群体和成长目标，因此需要针对自身的特点制定教研行动。比如，某位教师在小学一年级教授语文课程时，她发现学生普遍在学习习惯和阅读能力方面存在困难。因此，她需要选择与这些具体问题相关的教研方法，如观察法和个别辅导法，以帮助学生养成良好的学习习惯并提高阅读能力。其次，教师应该注重自身的实践经验和教学反思。通过教学实践，不断积累经验并提升个人能力。在选择教研方法时，教师可以结合自身的实践经验来确定哪种方法能够更好地解决教学中遇到的问题。

三、以问题解决为中心

适切性教研坚持以实践问题的解决和成果能应用到教学实践中为中心，包括课程教学、教学评价、资源运用、学习支持等方面的教学问题的研究和成果应用。具体而言，在课程教学层面，研究解决教学中的问题，比如如何更好地设计课程、如何更好地落实教学计划、如何更好地开展互动式教学等。同时，及时将研究成果应用到教学实践中，不断更新自己的教学方法和技巧，提高教学效果。在教学评价层面，教学评价是教学中非常重要的一个环节，教师在这个环节中研究解决如何科学评价学生的学习情况、如何更好地指导学生、如何更好地激发学生的学习兴趣等问题。同时，还要将评价成果应用到教学实践中，从而提高教学效果。在资源运用层面，教学资源对于教学工作来说非常重要，教师要研究解决如何更好地运用各种教学资源，包括图书、网络资源、教学设备等，以提高教学效果。在学习支持层面，学习支持也是教学中一个重要环节，它可以帮助学生更好地学习，教师要研究如何通过辅导、指导、咨询等方式给学生提供学习支持，以达到更好的教学效果。

适切性教研坚持以实践问题和成果应用为中心，以适宜的教研发力，帮助教师不断提高教学效果，进一步丰富学生的学习成果。作为一名教师，每天都要面对各种教学问题。教的问题和学的问题是教师教研的核心课题。例如，一个数学老师在教学实践中发现，学生在学习三角函数时，容易混淆正弦函数和余弦函数的定义和应用。这个问题严重影响了学生的学习效果。这时，数学老师可以与其他数学老师合作，开展教研活动，共同寻找解决方案。在教研过程中，数学老师可以通过查阅教材、参考其他学校和老师的教学经验，以及观摩优秀的教学案例等方式，逐步找到更好的教学方法和策略，以解决学生混淆正弦函数和余弦函数的问题。通过这样的教研活动，数学老师不仅解决了学生学习中的实际问题，还提升了自己的教学水平，丰富了教学经验。适切性教研让教师的个人需求和教学实践问题得到了充分关注和解决，从而真正推动了教学的提升和教师的成长。所以，教师只有坚持将教的问题和学的问题作为研究的核心课题，才能够不断改善自己的教学方法，提高学生的学习效果。

四、以循环实证为方式

循环实证研究是适切性教研的核心方式。它在循环中螺旋式发展，以提高教师的反思能力、解决问题的能力和创新能力。循环实证研究包含着知识输入、思维输出和综合应用过程。其中，输入的是适切性教研中的文献、案例、数据等知识和信息。输出指的是教师要把研究中产生的思考、成果和方法输出到教学实践中，不断提高教学效果。应用则是教师要把研究成果应用到实际教学中，以验证研究成果的可行性和有效性。通过循环实证研究，教师可以逐步形成自己的教学理念和方法，体验专业幸福，提高教学质量和效果，同时也能够为自己的职业发展打下坚实基础。

运用循环实证的研究方法，“实现经验和理论的顺利互化”[①]，教师可以不断调整教学策略，寻找更加适合学生的发力方式，从而提高学生的学习效果，达到教育目标。循环实证的研究也是一个不断迭代的过程，教师不断调整自己的授课策略和方法，直到达到最佳效果。通过有序深入的研究，教师可以更准确地了解问题的本质，并采取切实可行的措施来解决问题。在问题解决的过程中，教师不断实现自我成长。例如，某教师发现学生在学习数学时经常出现难以理解的问题，可以采用循环实证研究的方法进行研究。首先，教师需要输入相关的文献、案例、数据等知识和信息，以帮助自己更好地了解学生的数学学习问题。其次，需要在教学实践中尝试不同的教学方法，在教学过程中记录学生的反应和成绩，以输出自己的思考和研究成果。另外，还需要将研究成果应用到实际教学中，验证研究成果的可行性和有效性，从而不断提高教学效果，解决实际教学问题。

综上，适切性教研是一种灵活而有效的教学研究方法，它结合科学理论与实践经验，注重教师的个体差异和需求，培养教师的专业判断力和探索精神，为提高教学质量和促进学生发展提供有力支持。教师进行适切性教研需要良好的教研环境和支持机制。对此，学校可以提供时间、经费和专业指导等资源，为教师的研究提供保障，“用教研带领教师持续深耕自己的专业领域，推动育人质量提升”[②]。

---

① 孙春福.骨干教师如何突破专业成长“高原期”：兼谈基础教育教研与科研的融合[J].江苏教育研究，2022（25）：36.

② 孙翠松.聚力教研　引领成长[J].北京教育（普教版），2022（9）：39.

第七章　主动型教研行为系统

教育高质量发展需要依托教师素养的高质量提升。教师主动型教研行为系统是建立在尊重教师的基础之上，注重激发教师自我发展的内源动力，探究教师如何进行有意义的教育知识学习和教学问题探索，开展多种形式的教学与教研互动，为更高效的教育教学服务的行动系统。

第一节　主动型教研行为系统的内涵

教育的高质量发展离不开高素质的教师，近年来，我国教师学历水平有了显著提升。教育部数据显示，2022 年全国义务教育阶段本科以上学历专任教师比例为 81.02%[①]。但与此同时，城乡之间、中西部之间教师水平差异仍然较大。如何让不同层次的教师都能有所发展？顾明远老师建议，将教育改革真正落实到每一所学校。具体而言，就是要教师“上好每一节课，教好每一个学生”[②]。当前新课标、新教材、新教学带给教师的挑战很多。唤醒教研意识，激发教研自觉，让教师关注学生、关注课堂，研究和解决好教与学中的每一个环节和问题，是教师“上好每一节课”与“教好每一个学生”的重要保证和基本路径。探索教师主动型教研的行为系统，唤醒、激发教师成长意识，激励教师以主动的态度、正确的方向、适切的行动、合理的方式开展主动型的教研，是教师教育重要而迫切的课题。

教师主动型教研行为系统是指教师主动参与教研活动，在实践中探究、总结、交流和创新教育教学经验，形成并不断完善个人的教育教学理论认识和

① 教育部：全国义务教育阶段专任教师超八成为本科以上学历 [EB/OL].（2023-08-31）[2023-09-30]. https://www.bjnews.com.cn/detail/1693451403169247.html.

② 黄浩 . 教师发展第一要务是“把课上好”[N]. 中国教师报，2023-05-17（2）.

实践能力的行动系统。教师通过阅读、听讲、观察等知识管理，写作、讲演、申评等思维管理，以及实践提升等方式，促进自身专业发展、教育理想的自我实现和教育教学质量的不断提升（见图 7–1）。

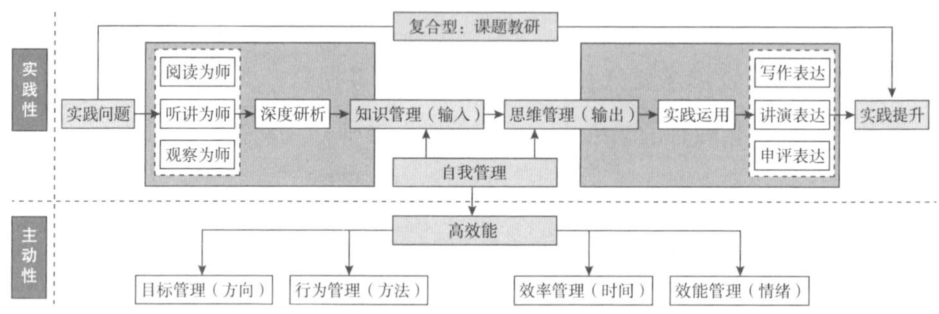

图 7–1　教师主动型教研行为系统

教师主动成长型教研以教师自主学习和研究为核心，强调教师扮演的学习者和研究者的两种角色的有机统一。它是教师通过自觉的个人教研、合作教研、网络教研、实践研究等方式，促进自身教育教学能力提升和专业素养提高的一种教研模式。个人教研方面，教师主动成长型教研鼓励教师进行自主学习与思考，主动整理教研信息，梳理问题的解决思路，不断探索和改进自己的教学组织和教学方法。在合作教研方面，主动型教研需要教师加强和同区域、不同学校、不同学科的教师之间的主题研讨，鼓励教师之间互联互通，共同研究探讨，借助多元智慧共同解决教育实践问题。网络教研方面，教师主动型教研需要教师主动利用现代科技手段，积极利用网络工具和资源开展教研活动。在实践研究方面，教师主动型教研鼓励教师参与课题研究、教学案例分析和实验探究等，以期通过深入的实际运用和实践探索，完善自己的教学方法和技能。

教师主动型教研是一种促进教师自主开展问题教研的模式。从教研的深入和成果的运用程度角度看，它主要包括输入型教研、输出型教研、复合型教研三种教研样态。三种教研样态共同构筑了以实践问题解决为导向的教研行动闭合循环系统和自我教研效能管理系统，如图 7–1 所示。输入型教研，是教师围绕教学中的困惑和问题，通过不同方式和路径，进行专业知识的输入，向内补充和强化教师专业知识的一种教研形态。输出型教研，是教师围绕教学实践中的问题及对问题的实践反思，把所思所得所悟以成果展示的方式，向外表达教师专业理解的一种教研形态。复合型教研是一种课题教研行动，教研流程较长，需且行且思，有进有出，知识输入和思维输出综合运行。主动型教研强调围绕具体的教学实践问题，以教研行动探寻教学问题的有效解决，由此形成教师专业主动成长的闭合循环系统。

教师主动型教研行为系统有以下几个特点：①自主性。教师通过自主选择和组织学习、研究、实践活动，自我驱动和不断完善。②实践性。教师在实践中发现问题、解决问题、总结经验和创新教育教学理念。③实证性。教师从实践中的问题开始，通过学习、反思、研究，最终解决复杂的教育教学问题，形成实证的结果。④循环性。教师主动学习、研究和实践的过程不是一次性的活动，而是一个持续完善和提高的过程。总之，教师主动型教研行为系统是建立在尊重教师的基础之上，注重激发教师自我发展的内源动力，探究教师如何进行有意义的教育知识学习和教学问题探索，开展多种形式的教学与教研互动，为更高效的教育教学服务的行动系统。

教师主动型教研是助推教师教学问题探索，促进教师专业成长和教学质量优化的重要手段。主动型教研需要教师以实际工作问题为出发点，自主开展以问题为引导的具有目标性的教育教学研究活动。

以教学问题为基础进行的教研具有以下特点：①突出问题意识。这种教研活动强调教师群体应以实际问题为切入点，通过深入分析和探讨教育教学的实际问题，明确对问题的认识，挖掘深层次的本质问题，达到解决问题的目的。②深耕专业知识。以教学问题为基础进行的教研会使教师更关注教学问题本身。这不仅能够提升教师的专业素养、学科知识，同时也可以加强教师对学科的深层次认识，最终将进一步增强教学效果。③理论与实践相结合。这种教研活动注重理论与实践相结合，通过实际操作改进优化教育教学，发现和总结做法中存在的问题，将经验和成果推广出去。④注重反思与提升。以教学问题为基础进行的教研以反思和提高教育教学质量为核心，着眼于教师的工作方法以及教师群体的教育教学水平的提高，具有强大的自我迭代功能，这样能更好地解决实际教学问题，进一步优化教学策略。

将教学问题转化为教研方向的主要原则，具体包括：①将教学问题转化为教研方向要基于实践问题，围绕课堂教学实际展开研究，针对特定的教学问题和难点进行探究和解决。② 将教学问题转化为教研方向要遵循教育规律，注重教学过程和效果的科学评价和反馈。③将教学问题转化为教研方向要贴近学生需求和社会发展，关注学生个性化发展、课程改革等，切实提高教学质量和水平。④将教学问题转化为教研方向要有目的性和系统性，不能只停留在表面问题上，而应当分析其根本原因，全面深入地开展教育研究。⑤将教学问题转化为教研方向要注重实效性和可操作性，研究成果应能够转化为实际的教学策略和方法，为教学实践提供有效的支持和指导。将教学问题转化为教研方向要以实践中的问题为出发点，注重教育规律和学生需求，全面深入地开展研究，以提高教育教学质量和水平为目标。

总之，以教学问题为基础进行的教研要以解决实际问题为导向，这样才能既提高教师的教学水平和专业能力，又推进校内教育教学改革，不断提高教育教学质量并助力学生成长与发展。

第二节　主动型教研行为的现场

为了促进教师的专业成长和提高课堂教学效果，越来越多的学校开始推行主动型教研。主动型教研的核心理念是把教师成长第一现场和第二现场贯通起来，以创新教学方式、提升教育质量和促进教师的成长为目标不断努力。

两个教研现场：教师成长的第一现场，通常指的是课堂教学实践，是教师教学亲历现场，教学的实践体验与感悟是此现场的成长价值路径。正是在这里，教师面对各种课堂教学问题和挑战，不断反思和调整自己的教学方法和策略。教师通过教学实践中的成功和失败经历来获取经验和教训，从而不断提升自己的教育能力。教师成长的第二现场，则指的是教育培训和研究探讨等非课堂学习环境。在这里，教师可以学习到最新的教育技能和知识，不断拓宽自己的教育视野和思维。教育培训和研究探讨可以为教师提供一个开放和互动的学习平台，激发教师的学习热情，并鼓励他们积极参与各种教研活动。在教师成长的第一现场，教师们需要有意识地将自己的经验和教训分享给其他教师。这样不仅可以促进教师之间的互相学习和协作，更可以激发教师的思维和创造力，推进教育事业的发展。在教师成长的第二现场，教育培训和研究探讨等活动需要与课堂教学实践紧密结合。教育培训和研究探讨所获取的新技能、新知识和新理念需要与课堂教学相衔接，以实现应用价值。只有建立二者间的紧密联系，教师才能将所学技能和知识融入教学实践中，以推进教学质量的不断提升。

把教师成长第一现场和第二现场贯通起来是主动型教研的核心理念。主动型教研可以促进教师专业成长、提升课堂教学效果、创新教学方法，并推动教育事业的不断发展。因此，教师成长的第一现场和第二现场要建立紧密联系。教师成长有一个过程，而第一现场和第二现场则是教师成长体系中的两个重要环节。在贯通这两个现场，促进教师成长的过程中要遵守以下几个应用原则：①以实践问题为教研导向。无论是第一现场还是第二现场，教师的教研都是围绕教学实践问题解决而展开，服务教，服务学，坚持教的问题就是研的问题，坚持学的问题就是研的问题。②注重理论与实践相结合。教师的专业发展既需要理论知识的支持，也需要实践经验的积累。因此，在第一现场、第二现场的成长过程中，应该注意理论与实践的相互贯通，将自身的实践体验同理论知识进行有机结合，使得自身专业能力得到全面提升。③倡导开放与合作。教育是一门科学，也是一门艺术，教师应该贯彻开放与合作的精神，吸收优秀的自身专业方法和理念，并结合自身的特点进行创新，推动自身专业成长。

总之，第一现场和第二现场作为教师成长的重要环节，其贯通可以使得教师更快、更好地发展自身专业能力与素养。教师应将自己在教学实践中积累的经验和知识，与培训中所学习的新知识、技术与策略结合起来，并且加以创新，以提升自身教育水平。同时，教师也应通过个人反思，对自己的教学实践进行总结和分析，不断完善自己的教育方法和理念。教师只有将上述这几点紧密联系起来，才能促进自身的专业发展和教育水平提升。

三个教研样态：教学领域内的教研行动可以分为不同行动样态类型，例如输入型教研行动和思维输出型教研行动。这两种行动样态有一些共同点，也存在一些不同之处。知识输入型教研行动是指通过阅读、听讲、观察等方式来收集相关知识和资料。在进行该类型教研行动时，研究者通常会广泛地搜索学术论文、技术报告、专业书籍等，整合和筛选收集到的信息，并以此为基础进行后续研究和探索。通过这样的方式，研究者能够快速获取大量的信息和知识，加深对相关领域的理解，进一步推动学科研究。输入型教研主要聚焦于知识、经验和理论等的获取，强调资料的收集和文献查询，注重资料的整合和筛选。其优点是能够快速地获取大量信息，使得研究者能够对相关领域有一个更为全面的了解。相比之下，思维输出型教研行动则更加注重基于思考能力的创新研究。在该类型教研行动中，研究者通常从自身或他人的实践中提炼出问题，通过反思和探究，形成自己的理性思考和见解，并将其以多种形式呈现出来，如论文、讲演、申评等。通过这样的方式，研究者不仅能提高自身的创新能力，也能更好地推动和改进教育教学工作。思维输出型教研注重针对教学问题的实践反思，注重参与者的主体能动性和探究精神。

虽然知识输入型教研行动和思维输出型教研行动的侧重点有所不同，但它们也有一些重要的共同点。例如，二者都需要研究者具备扎实的知识积累和分析推理能力，并强调基于研究成果推动实践改进和教育教学创新。此外，两种类型的教研行动均需要研究者进行深入反思，关注实践中遇到的问题，以使研究成果与教育教学实践更为贴合。此外，还有一种是复合型的课题教研行动，由于课题研究是一个系统的有计划、有组织的，采用一定科学方法解决教学问题的过程，所以一线课题教研需要在输入型教研与输出型教研两种模式中不断切换或将二者相结合，同时将研究成果转化为实用性强的研究成果或是学术论文，并有效传达和展示出来。

在进行输入型教研时，教师首先需要思考研究的问题、目标和方法，并收集相关的资料和信息。通过反复阅读、比较和分析，教师可以形成一个初步的研究方案，并确定一个尝试性的教学实践。归纳和总结得出的问题、结论和观点等都属于输入型教研内容。而在进行输出型教研时，教师需要把这些知识、经验和成果运用到实践中，形成一定的案例，为今后开展更广范围的教育改革和探索提供参考。在进行输出型教研时，教师可以通过旁观、录音、记录、检查和评估来验证问题解决方案的适用性，并逐步完善研究成果所涉及的理论支撑。在将教研过程转换为学术论文等成果时，一方面需要突出输入型教研的原始性和创新性，详细记录和阐述自身掌握的专业知识和信息，另一方面也要对输出型教研进行完整、系统的总结和梳理，并提炼出可操作性强的解决方案，进一步证明教研的实用性和参考价值，以促进其成果被更多有关人员广泛使用。简而言之，输入型教研和输出型教研都是教研过程中不可或缺的组成部分，两相结合才能使得教研成果更加丰富。同时，教师也需要将这些成果转化为容易理解、实践性强的研究报告或学术论文，提高课堂教学效果，提升教师职业发展水平，推动教育教学改革不断深化。

需要指出的是，无论是哪种类型的教研行动，其核心都在于真正发掘教育教学实践中的问题和挑战，通过教师自身的努力和多方合作来解决，进而推动教育教学的不断发展。

第三节　主动成长的效能管理

立德树人背景下，教师的职责不仅仅是教授知识，更包括引导学生树立正确的世界观、人生观、价值观，培养学生解决各种问题的能力和素质。在现实生活中，教师的工作压力都很大，要面对的挑战也很多，能否有效地设定和管理教学研究的目标和时间、情绪、行为，提高自身的效能水平，对教师成长之路顺畅与否有重要影响。作为一名教师，主动成长和自我提高是其职业发展的必然要求，而要实现主动成长，则需要加强对个人教研的“目标—时间—情绪—行为”的效能管理。

首先，设定明确的目标是成长与提高的前提。教师通过设定目标，能够明确自己前进的方向和要达到的高度，为下一步的计划和实施提供准确的指导。教师可以从自身的实际需要出发，根据教学过程、教学对象等因素制定符合自身实际的目标，并适时进行评估和调整。其次，时间的管理是提升效率、实现目标的关键条件。教师要合理安排时间，充分利用有限的时间开展教研，避免时间浪费和分散，让时间资源最大化地发挥作用。在时间管理中，教师可以采用番茄工作法等，保证自己的工作效率和专注度，提高任务完成的质量。再次，要注意调节个人的情绪状态。教师的情绪状态会直接影响教学和教研的质量。如果情绪低落或者紧张焦虑，就会影响教育效果，从而降低教师的主观能动性。因此，教师需要通过各种方式改善和管理自身情绪，并采用积极乐观的态度对待工作，以推进个人教研的顺利进行。最后，行动规划和管理是保障目标实现的有效手段。教师可以通过行动规划和管理来确保所定的目标得以顺利实现。在具体实施过程中，教师需要考虑学科特点、教学对象等相关因素，制订出合适的行动方案，并严格按照计划安排来执行。通过规范的行动管理，教师可以有计划地推进自己的教研工作。

教师的自我效能感是指教师对于自己能够胜任工作、完成教学任务的信念和预期。在教师主动成长的教研实践中，增强自我效能管理需要具备以下几个意识：

自我反思意识：教师应该经常对自己的教育教学活动进行反思并总结经验、发现问题、改进工作，不断提高自己的教学技能和水平。

自我评价意识：教师应该经常对自己进行评价，及时发现和纠正问题，努力提高自己的教学水平。

自我调整意识：教师应该掌握有效的反思方法和工具，及时找出问题所在，并采取切实可行的措施对教学活动进行调整和改进。

自我激励意识：教师要树立正确的自尊心和自信心，鼓励自己勇于尝试，通过不断努力、积极思考和实践来提升自己的教学境界。

自我接纳意识：教师应该正确地看待自己所处阶段的不足和缺陷，积极面对问题，并推进教育教学工作的质量提升。

在自我效能管理中，教师通过增强以上几个意识，可以更好地管理自我效能，进而提高自己的教育教学水平，在实践中更加自信、自主，更加主动地开展工作①。总之，教师的主动成长需要加强对个人教研“目标—时间—情绪—行为”的效能管理。教师主动型教研需要从制定明晰的问题解决目标开始，并以此为导向，注重时间、情绪和行动的调节与管理，不断提升自身的效能水平和教学素质，从而推动自身职业生涯和专业素养的持续发展。

① 王恒富.此曲只应天上有 人间哪得几回闻:2010年全国中学高效课堂案例展示邀请赛评析[J].中学政治教学参考，2011（Z1）：73-74.

第八章　知识输入型教研

实践导向下的知识输入型教研，是指教师基于自身教学实践中的具体问题，通过阅读文献、听专家讲座、观察课堂活动等适切教研活动，为自己输入更丰富的专业知识、技能和教育理论，加深专业理解，发展教育理念，提升教学策略，更好地解决教学实践中的问题。

第一节　知识输入型教研的内涵

知识输入型教研的主要特点是具有知识性。这种教研方式注重教师对知识的获取和积累。教师需要通过学习不同的教育教学理论、方法和技巧，以及学科知识的最新研究成果，来提升自己的专业素养和教学能力。教师可以通过参加培训课程、研讨会，阅读专业书籍和文献等方式进行知识的输入。这种教研方式强调教师的知识储备和学习能力，帮助教师不断更新自己的知识，提高教学质量。

实践导向下的知识输入型教研是指教师在自身教学实践中遇到具体问题之后，通过一系列适当的教研活动来输入更丰富的专业知识、技能和教育理论，从而加深专业理解，发展教育理念，提升教学策略，更好地解决教学实践中的问题。

这种教研活动的主要内涵包括以下几个方面：

首先，教师通过阅读文献来获取专业知识。教师可以阅读相关的教育研究论文、教材教辅和教学案例等，从中获取新的教育理念、教学方法和技巧，并将其运用到自己的教学实践中。

其次，教师聆听专家讲座以获取新的教育思想和理论。教师可以参加各种教育研讨会、学术讲座等活动。通过聆听专家的演讲，了解他们在教育领域的最新研究成果和见解，从而更好地拓展自己的教育视野。

再次，教师通过观察其他教师的课堂活动进行学习。教师可以选择一些优秀的同行作为学习对象，观看他们的授课过程，借鉴他们优秀的教学策略和教学方法，并将其融入自己的教学实践中，以提升自己的教学效果。

最后，教师通过参与教研小组或与同行进行交流合作来输入专业知识。教师可以参加学校或教育机构组织的教研小组，与其他教师共同研究某一具体问题，相互交流经验和想法，共同探讨解决方案，从而通过合作研究来丰富自己的专业知识，解决教学实践中的问题。

总之，实践导向下的知识输入型教研是一种以解决教学实践问题为目标，通过阅读文献、听专家讲座、观察课堂活动和与同行交流合作等方式来输入专业知识和发展教育理念的教研活动。通过这一活动，教师能够不断提高自己的教学能力和教育水平，更好地应对教学实践中的挑战。

实践导向下的知识输入型教研是一种以实践问题为驱动的教学研究方法。教师通过积极参与各种教研活动，不断扩充自身的专业知识和教育理论，以提升教学质量，解决教学实践中遇到的困惑和问题。在实践导向下的输入型教研中，教师首先需要明确自己在教学过程中遇到的问题和困惑，并将其作为研究的起点和动力。教师可以选择阅读相关文献、参加专家讲座、观察其他教师的课堂活动等方式来获取更丰富的专业知识和技能，加深专业理解，发展教育理念。

通过教研活动，教师可以与其他同行进行交流与思考，共同解决教学实践中的问题。在这个过程中，教师不仅可以深入了解自身的教学实践，还可以借鉴他人的经验和教学策略，从而提升教学效果。实践导向下的知识输入型教研具有以下主要特点：

问题驱动：教师以实践中的具体问题和困惑来驱动自己的研究和学习。这种问题驱动的方式有助于提高教师解决问题的能力，并促使教师不断反思和改进自身的教学实践。

多元化输入：教师可以通过多种方式获取专业知识和教育理论，例如阅读文献、聆听专家讲座、观察他人的课堂活动等。这种多元化的输入方式可以帮助教师拓宽视野，获得更多的启发和灵感。

合作交流：实践导向下的知识输入型教研强调与其他教师的合作交流，鼓励教师共同探讨和解决教学实践中遇到的问题。合作交流可以帮助教师相互借鉴经验，互相启发，共同提升教学质量。

目标导向：教师在进行实践导向下的知识输入型教研时，都有明确的目标和动机。他们希望通过这种方式提高自身的教学能力，解决教学实践中的问题，并最终提升学生的学习效果。

总之，实践导向下的知识输入型教研是一种重视教师实际问题、注重理论与实践相结合的教学研究方法。通过积极参与教研活动，教师能够持续地扩充自身的专业知识和教育理论，进一步提高教学质量，解决教学实践中遇到的问题。

实践导向下的知识输入型教研对于教师的专业发展和教学质量的提升具有重要作用。通过不断地获取新知识、拓宽教育视野，教师能够更好地应对教学实践中的问题，不断改进自己的教学方法和策略，为学生提供更好的教育教学服务。以下是一些具体例子，说明实践导向下的知识输入型教研的应用：

阅读相关教育文献：

一位语文教师在教学过程中发现学生阅读能力较差，于是她开始阅读相关的教育文献，如《提高学生阅读能力的方法策略》等。通过阅读相关文献，她了解了不同的阅读教学方法和策略，并且在教学中尝试将这些方法与策略应用于自己的教学实践。

聆听专家讲座：

一位数学教师在教学中遇到了难以激发学生学习兴趣的问题。他参加了一场由数学教育专家主持的讲座，讲座内容是关于如何通过创新教学方法和教具来激发学生对数学的兴趣。通过听取专家的讲解和分享，这位教师获得了许多新的教学理念和策略，并将其应用到实践中，以解决自己的教学问题。

观察其他教师的课堂活动：

一位体育教师在教学中遇到了学生缺乏学习动力和活动参与度不高的问

题。为了解决这个问题，他选择观察其他体育教师的课堂。通过观察其他教师的教学方法和技巧，这位教师获取了新的灵感和教学策略，从而改善了自己的教学效果。

通过以上这些实践导向的知识输入型教研活动，教师能够从不同的渠道汲取专业知识和教育理论，并灵活地应用到自己的教学实践中，从而更好地解决教学过程中的问题，提升教学质量，为学生提供更好的教育服务。

在进行知识输入型教研时，教师需要注意以下几点：

首先，明确教学问题。在进行知识输入型教研之前，教师首先需要明确自己在教学中遇到的具体问题，如学生的学习困难、教学方法的不适应、课程设计上存在缺陷等。只有明确问题，才能有针对性地进行教研。

其次，选择合适的教研方式。知识输入型教研没有固定的教研模式，教师可以选择适合自己的教研方式。例如，可以与其他教师合作开展教研，进行交流和讨论；也可以利用网络资源，参加在线教育研讨会；还可以进行个人反思和自我研究。选择合适的教研方式，可以更好地促进知识的获取和教学质量的提升。

再次，通过多种渠道获取专业知识和技能。教师在进行知识输入型教研时，需要积极地寻找相关的专业知识和技能。可以通过阅读相关教育理论、研究报告，参与教育研讨会等方式来获取相关知识。同时，还可以借鉴其他教师的经验，进行经验交流和学习。通过不断积累专业知识和技能，教师可以更好地解决教学实践中的问题。

最后，注重理论联系实际。在知识输入型教研中，教师需要将获取的知识和技能与实际教学相结合。只有将理论知识应用到实践中，才能真正解决教学实践中的问题。因此，在教学过程中，教师要主动尝试新的教育方法和策略，以验证理论的有效性，并逐步提升教学质量。

综上所述，知识输入型教研是一种以教师自身实践为导向的教学研究活动。通过开展此教研，教师能获取更丰富的专业知识和技能，帮助解决教学实践中遇到的问题并提升教学质量。在进行知识输入型教研时，教师需要明确教学问题，选择合适的教研方式，积极探寻相关的专业知识和技能，并将其与实际教学相结合，不断进行实践和反思。这样，教师才能在教学中取得更好的效果。

第二节　教学实践问题导向的基于文献阅读的知识输入型教研

一、内涵

教学实践问题导向的基于文献阅读的知识输入型教研是现代教育领域一种流行的教研方法。它以教学实践中的问题为导向，教师通过阅读相关的文献来获取知识，并将其应用于教学研究过程中。这种教研方法不仅有助于提升教师的专业素养，还可以帮助教师提高教学质量。其内涵包括以下几个方面：

首先，教学实践问题导向的基于文献阅读的知识输入型教研方法强调教师在实际教学中以遇到的问题为起点进行研究。教师通过观察、记录和分析教学中的问题，找出问题产生的原因和解决办法，并以此为基础进行文献资料的阅读和研究，从而获取相关领域的知识。例如，在教学中发现学生对某一知识点理解困难，教师可以借助文献资料来了解如何将该知识点讲得清晰透彻又便于理解，并尝试将这些教学经验应用于实际教学中。

其次，教学实践问题导向的基于文献阅读的知识输入型教研方法注重教师对文献资料的积极阅读和深入理解。教师需要通过深入阅读相关的文献，了解该领域的研究成果、理论模型和案例经验，并将其与自己的教学实践相结合，形成自己的观点和认识。教师可以通过阅读文献综述、学术论文、专业书籍等来获取知识，同时也可以通过网络研讨、学术会议等途径获取最新的研究成果。

再次，教学实践问题导向的基于文献阅读的知识输入型教研方法强调将所获取的知识应用于实际教学中。教师需要将阅读文献所获得的知识与自身的教学实践相结合，并进行反思和调整。在教学过程中，教师可以根据所学到的理论和经验，尝试采用不同的教学策略、教学活动和评价方式，以不断提升教学的效果和质量。

教师在日常教学实践中，往往会遇到一些问题和挑战。例如，学生可能难以理解某个概念，或者是教师的某个教学方法没有达到预期的效果。面对这些问题，教师往往需要寻找适当的解决方案，从而提高自己的教学质量。这时，阅读相关的文献就成了一种有效的获取知识的途径。

通过阅读相关文献，教师可以了解到他人在类似问题上的研究成果和经验，可以了解到不同的教学方法和策略，并结合自己的实际情况进行思考和探索。通过阅读文献，教师可以拓宽自己的专业知识面，了解最新的教育理论和研究成果，从而提高自己的专业素养，为教学实践提供更加科学和有效的指导。

二、特点

教学实践问题导向的基于文献阅读的知识输入型教研，是现代教育领域一种流行的教研方法。这种教研方法的主要特点如下：

一是以教师实践问题为导向。教师在实际教学过程中常常会遇到各种问题，例如学生学习兴趣不高、教学效果不佳等等。而基于文献阅读的教研方法则以这些问题为导向，教师通过查阅相关的文献来寻找解决问题的方法和策略。

二是重视文献阅读。基于文献阅读的教研方法强调通过阅读教育学、心理学、教学模式等方面的文献，获取新的教育理论、研究成果和实践经验。这些文献可以给教师提供参考和借鉴，帮助他们更好地理解和解决自己的教学问题。

三是注重知识输入与输出的结合。通过阅读文献，教师可以获取新的知识，并将其应用于自己的教学实践。同时，他们还可以通过总结和分享自己的实践经验，输出自己的知识和成果，以供其他教师参考和借鉴。这样就形成了一个良性循环，促进了教育领域的知识更新和共享。

四是强调问题解决。基于文献阅读的教研方法旨在帮助教师解决实际教学问题，因此注重实践性和针对性。通过阅读相关的文献，教师可以找到与自己遇到的问题相匹配的解决方案，从而改进自己的教学实践，提升教学效果。

总之，教学实践问题导向的基于文献阅读的知识输入型教研是一种以解决实际教学问题为导向的研究方法。通过阅读相关的文献，教师可以获取新的知识，并将其应用于自己的教学实践，同时也可以通过总结和分享自己的实践经验，为其他教师提供参考和借鉴。这种方法注重实践性和针对性，旨在改进教学实践，提高教学效果。

三、步骤

教学实践问题导向的基于文献阅读的知识输入型教研是一种值得推广的教研方法。它可以帮助教师获取知识，并将其应用于教学实践，从而提升专业素养，提高教学质量。同时，它还能促进教师之间的交流与合作，共同探索教学改进的路径。因此，教师可以积极采用这种教研方法，不断提升自身的教学水平。具体来说，教学实践问题导向的基于文献阅读的知识输入型教研包括以下几个步骤：

第一步，确定教学实践中存在的问题。教师首先要认真分析和反思自己在教学实践中遇到的问题，如课堂教学效果不佳、学生学习困难等。

第二步，导入阅读文献。针对确定的问题，教师需要查阅相关的学术文献，了解当前该问题的理论研究、教学实践经验和最新进展等。

第三步，组织研究讨论。教师可以组织教研小组或参加教研活动，与其他教师分享所阅读的文献资料，进行讨论和交流。通过相互启发和碰撞，教师可以更好地理解文献内容，并提炼出适合自己的教学策略。

第四步，将知识运用于实践。在阅读文献的基础上，教师将所获取的知识与自身的实际教学相结合，积极尝试新的教学方法和策略，对教学进行改进和优化。

第五步，反思总结。教师在实践过程中，要及时对实施效果进行评估和反思。通过总结经验和教训，形成自己的教学思考和理论。

四、作用（通过案例来分析）

教师实践问题导向的基于文献阅读的知识输入型教研是一种能够提升教学质量和促进教师专业发展的有效方法。通过持续的自我学习和深入研讨，教师可以不断丰富自己的教学理论知识和实践经验，提高自己的教学水平和专业素养。

在实际教学中，教师常常会面临各种问题，比如如何提高学生的学习兴趣，如何培养学生的实验操作能力，如何引导学生理解抽象的概念，等等。针对这些问题，教师可以通过阅读相关的文献来获取知识和理论支持，并将其应用于教学过程中，从而改进教学方式和策略。

首先，教师可以通过文献阅读来了解最新的教学理论和方法。各学科领域的研究发展迅速，涌现出了许多先进的教学理念和方法。通过阅读相关的文献，教师可以了解到最新的教学理论和方法，掌握教学的前沿动态，从而不断更新自己的教学思路和方法。

其次，教师可以通过文献阅读来学习优秀案例和汲取实践经验。在各学科领域，有许多成功的案例和实践经验可以借鉴。通过阅读相关的文献，教师可以了解到这些优秀案例和实践经验，并将其应用到自己的教学实践中。这些优秀案例和实践经验不仅有助于提高教师的教学水平，还可以为教师提供更多的教学思路和策略选择。

再次，教学实践问题导向的基于文献阅读的知识输入型教研还有助于促进教师之间的交流与合作。教师们可以一起阅读相关的文献并进行讨论，分享彼此的发现和感悟。通过合作研究，教师不仅可以互相学习借鉴，还可以互相鼓励和支持，在教学研究中共同成长。

最后，基于文献阅读的知识输入型教研方法有助于促进教师的专业发展和自我提升。教师通过阅读相关的文献，不仅能够获取新的知识和理论支持，还可以拓宽自己的学术视野，培养自己对教学的深刻理解和思考能力。

综上所述，基于文献阅读的知识输入型教研方法在现代教育领域越来越受到重视。这种教研方法有助于提升教师的专业素养，提高教学质量。因此，教师应当积极运用这种方法，不断完善自己的教学方式和策略，为学生提供更加优质的教育服务。

例如：

一位教师在教学过程中发现部分学生对数学中的几何概念理解困难，无法有效地应用于实际问题中。教师觉得自己需要更好的方法来引导学生理解几何概念并将其运用到实际生活当中。

这位教师决定采用教学实践问题导向的基于文献阅读的知识输入型教研方法来解决这个问题。首先，他开始查阅几何概念教学的相关文献，在文献中学习到了一些新的教学策略和方法，如使用具体的实例来讲解几何概念，引导学生进行实际操作等。

接下来，这位教师根据文献中的建议，设计了一堂关于几何概念的课程。在这堂课上，他运用了具体的实例，结合学生的生活经验，生动地讲解了几何概念，并与学生一起进行实际操作和练习。通过这种方式，学生逐渐理解了几何概念的意义和应用，同时也在实践中培养了解决问题的能力。

随后，这位教师进行了评估和反思。他观察到学生在实际操作中的表现明显优于以往，他们更加自信地运用几何概念解决问题。另外，学生在课后纷纷给予了积极反馈，表示这种教学方法更加有趣和易于理解相关知识。

通过教学实践问题导向的基于文献阅读的知识输入型教研，这位教师成功地解决了学生理解几何概念困难的问题，并提高了教学质量。他通过阅读相关文献，获得了有效的教学策略和方法，并成功地将其应用于实际教学。

因此，教学实践问题导向的基于文献阅读的知识输入型教研是一种提升教师教学水平和专业素养的行之有效的教研方法。它通过解决教学中的问题，帮助教师提升专业素养和教学质量。这种方法的应用能够促进教师的教育创新和发展，为学生提供更优质的教学服务。

第三节　教学实践问题导向的基于专家讲座学习的知识输入型教研

一、内涵

教学实践问题导向的基于专家讲座学习的知识输入型教研是一种教师专业发展的有效方式。这种教学研究对教师所面临的教学实践问题进行深入研究，以提升教师的教学水平和教学能力。其内涵包括：

首先，教学实践问题导向的基于专家讲座学习的知识输入型教研以教学困惑为起点，通过听取专家讲座和同行交流，为教师提供解决问题的专业知识和经验，促进教师的专业发展和成长。

其次，专家讲座是一种专家与教师进行交流和共享经验的方式。专家通过讲座的形式，分享自己在教学实践中的成功经验、创新方法和有效策略，给予教师启示和指导。教师可以通过聆听专家讲座，了解到前沿的教育理念和方法，拓宽自己的教学思路，改进自己的教学策略。

教学实践问题导向的基于专家讲座学习的知识输入型教研，强调教学实践问题的存在和解决。教学实践问题是教师在教学过程中遇到的难题或不确定的问题。这些问题可能涉及教学方法不恰当、学生学习困难、课程设计不合理等方面，对于教师来说可能是难以解决和突破的瓶颈。而基于专家讲座的学习可以为教师提供专业的解决方案和经验分享，从而有效地解决教学困惑，提升教师的教学能力。通过聆听专家讲座，教师能够了解到不同领域的专业知识和经验，对症下药地解决困扰自己的教学问题。同时，教师还可以通过参加同行讲座的方式，与其他教师进行交流，分享自己的教学经验，互相启发和借鉴，共同提高教育教学水平。

再次，在教学实践问题导向的基于专家讲座学习的知识输入型教研中，教师的专业发展是核心目标。教师通过聆听专家的讲座，不断更新自己的教育观念，提高自身的专业素养和教学能力。同时，教师也可以通过自己的实践和经验，为其他教师提供借鉴和指导，促进整个教育系统的发展和进步。

综上所述，教学实践问题导向的基于专家讲座学习的知识输入型教研是一种教师专业发展的有效方式。通过聆听专家讲座和同行交流，教师可以消除教学困惑，提升教学能力，推动整个教育系统的进步。这种教研方式在促进教育教学质量提高的同时，也提升了教师的职业发展力和满意度。

二、特点

首先，教学实践问题导向的基于专家讲座学习的知识输入型教研强调教师应主动倾听专家的讲解与分享，并将所学的知识与自身的教学实践相结合。在这个过程中，教师要具备开放的思维态度、积极的参与意识以及批判性思维能力，以便更好地吸收专家分享的知识，将其灵活地运用到自己的教学实践中。这种教研模式注重从专家身上获取经验和教学技巧。专家通过讲座可以将前沿的教育理论和实践案例介绍给教师，使教师能够更深入地了解教育最新发展动态。这些知识内容可以涵盖课程设计、教学策略、评估方法等方面，有助于提高教师的教学能力。

其次，教学实践问题导向的基于专家讲座学习的知识输入型教研也要求教师将专家的知识与自己的实际情况相结合，找到适合自己的教学方案。教师在倾听专家讲解时，需要思考如何将所学内容与自己的教学目标相匹配，如何根据自己的教学环境和学生特点进行适当调整。通过思辨和分析，教师可以将专家的知识变成自己的教育智慧，使之在教学实践中发挥出最大的作用。

因此，教师应积极参与各类专家讲座和教研活动，不断拓宽自己的教育视野，提升教学能力，努力提升学生的学习效果。同时，学校和教研机构也应主动提供专业化的教师发展平台，为教师提供学习和交流的机会，推动教师教学实践问题为导向的知识输入型适切性教研的开展。

三、注意事项

教学实践问题导向的基于专家讲座学习的知识输入型教研要注意以下几点：

首先，要注意专家讲座的针对性。在选择专家讲座时，要关注其研究方向和教学经验是否与自己要解决的教学实践问题相关。只有聆听与问题相匹配的专家讲座，才能获得有效的知识输入和解决问题的思路。

其次，要注重知识输入的适切性。专家讲座能够提供有效的教学知识和实践经验。教师应根据自身的需求，选择与自身教学实践问题相关的知识进行学习。同时，要注意将专家讲座中的知识与现实教学场景相结合，思考如何将所学知识应用到自己的教学实践中。

再次，要注重问题导向的教研。专家讲座是为了解决教学实践中的问题，因此，在听专家讲座时要有明确的问题意识，并重点关注专家在讲座中提到的解决问题的方法和策略。同时，教师还可以与其他听众共同探讨问题，分享自己的教学经验，以达到更好的教研效果。

最后，要注重实践反思。听完专家讲座后，教师应对自己的教学实践进行反思，思考如何运用专家讲座中的知识来解决自己遇到的问题。只有通过实践反思，将所学知识融入教学实践中，才能真正提升教学质量。

综上所述，选择适合的专家讲座、注重知识输入的适切性、注重问题导向的教研以及实践反思是教学实践问题导向的基于专家讲座学习的知识输入型适切性教研要注意的几个问题。对这些问题的关注和应对将有助于教师提高教学实践水平，从而更好地解决教学中的问题。

四、作用（通过案例来分析）

近年来，随着我国教育改革不断深入，教师的专业发展也成为教育改革的一项重要内容。在教学实践中遇到问题时，我们常常需要通过不断学习、参加培训来获取新的知识和技能，并将其应用到教学实践中。而在这个过程中，专家讲座成为教师获取知识的重要方式之一。

专家讲座以其权威性和实用性备受教师关注。通过聆听专家的讲解和解答，教师可以获得一定领域的最新研究成果和教学实践经验，有效提升自己的教学水平。在此，我们举一个以数学教学实践问题为导向的例子，来说明专家讲座在教学实践中的作用：

在数学教学实践中，有许多教师普遍反映学生在计算题上错误率较高，这给他们带来了困扰。为了解决这个问题，学校邀请了一位数学教育领域的专家举办讲座。

在讲座中，专家从计算题错题分析的角度入手，结合最新的研究成果和教学实践经验，详细阐述了学生在计算过程中的常见错误及其原因。专家指出，很多学生在计算中容易出现粗心大意、概念理解不深等问题，导致计算错误率居高不下。为了解决这个问题，专家提出了有针对性的教学建议：通过强化计算题的练习，加强对计算规则的理解和记忆；利用多种形式的讲解和示范，帮助学生准确理解计算的步骤；设置一些常见的易错计算题，引导学生分析错误原因，从而增强他们的计算能力。

这次专家讲座提供的教学建议十分适合解决学生计算错误率高的问题。通过听讲座，教师了解到了最新的研究成果和教学经验，在教学实践中可以有针对性地应用这些理论和方法，以提高学生的计算能力。同时，讲座还为教师提供了一个交流思想、共同探讨问题的平台，促进了教师之间的互相学习和交流。

总而言之，教学实践问题导向的基于专家讲座学习的知识输入型教研是一种有效的教师专业发展方式。通过这种方式，教师能够及时获取前沿的教育理论和实践经验，并将其应用到自己的教学中。在解决实际教学问题的过程中，专家讲座起到了重要的引导作用，提高了教师的教学水平，推动了教育改革的深入进行。

教学实践问题导向所指问题，有时可以在听专家讲座的现场生发形成，教师在聆听过程中联想到此前实践中某个教学情景，进而关联出新的教学实践问题。

例如：

某中学一位历史老师参加了一场关于如何提高学生历史认知能力的专家讲座。在听完专家的讲解后，这位老师深深地意识到自己的教学实践中存在一些问题，例如教学内容过于单一、学生记忆功底薄弱等。因此，他开始尝试改变自己的教学方式。

首先，他在备课时注重教学资源的多样化。他收集了大量的文字、图片、视频等资源，以便能够丰富学生对历史知识的理解，加强学生的记忆。他还利用网络工具，设计了一些与历史相关的游戏、互动课件，以增加课堂吸引力，提高学生的活动参与度。

其次，他注重培养学生的思辨能力。在课堂上，他经常引导学生进行讨论和辩论，帮助他们理清历史事件的因果关系，提高他们的分析和判断能力。他还鼓励学生多参加一些历史研究、写作的活动，以增强他们的独立思考和表达能力。

再次，他还注重运用多媒体技术进行教学。通过使用电子白板、投影仪等设备，他可以更生动地呈现历史资料，使学生更好地理解历史事件的背景和细节。同时，他还利用网络和社交媒体等平台，让学生积极参与到历史知识的分享和交流中。

通过这些改变，这位历史老师的教学效果有了明显提高。学生在课堂上更加积极主动，对历史的兴趣也大大增加。他们的历史认知能力得到了有效提高，许多学生在历史考试中取得了优异成绩。

通过这个例子，我们可以看到专家讲座对于教师教学实践问题的解决起到了重要作用。教师通过参加专家讲座，能及时了解到最新的教学理念和方法，从而改进自己的教学策略。这种以问题为导向的知识输入型教研活动，对推动教育教学改革，促进教师专业成长具有重要意义。

第四节　教学实践问题导向的基于课堂教学观察的知识输入型教研

一、内涵

教学实践问题导向的基于课堂教学观察的知识输入型教研是一种知识输

入型的适切性教研方法。在这种教研中，教师通过观察和分析教学实践中存在的问题，以此为基础进行知识输入和教学改进。

教学实践问题导向的基于课堂教学观察的知识输入型教研，旨在解决教师在教学中遇到的困惑，并通过借鉴优秀课例来提升教师的教学能力。这种教研活动具有以下内涵：

首先，教师教学中的困惑是教研活动的出发点。教师在实际教学中经常会遇到各种问题和困难，比如学生的学习兴趣不高、教学方法不够灵活等。这些问题将成为教师教研的起点。通过反思和探索，教师可以将这些困惑转化为教学改进的动力。

其次，优秀课例是知识输入的重要依托。在教研活动中，教师需要借鉴和研究优秀的课例。通过学习他人成功的教学案例，来启发和指导自己的教学实践。优秀课例可以帮助教师深入理解教学原则和方法，并且为教师提供实践的范本。

再次，强调实践的关联性和可操作性。教师在教研活动中不仅需要了解理论知识和实践经验，还要将其转化为自己实际教学的有效策略和行动方案。该教研模式要求教师能够结合课堂实际，思考如何将所学的知识与自身的教学实践相结合，从而达到教育教学改革的目标。

最后，教研活动是一个互相学习和分享的过程。在该教研模式中，教师应该积极参与讨论和交流，分享自己的教学心得和经验，从别人的成功教学案例中获得启发。同时，教师也应该保持开放的心态，愿意接受他人的建议和批评，以不断提升自己的教学水平。

综上所述，教学实践问题导向的基于课堂教学观察的知识输入型教研是一种有益于教师专业成长的教研活动。通过对教学中的困惑进行深入研究，并借鉴优秀课例中的成功经验和教学方法，教师能够不断提升自身的教育教学能力，为学生提供更优质的教学服务。

二、特点

教学实践问题导向的基于课堂教学观察的知识输入型教研具有如下特点：

一是教学实践问题导向。这种教研方法强调以教学实践中的问题为导向进行研究。教师通过实际观察和分析课堂教学中存在的问题，从而深入了解教学的实际情况和挑战。

二是通过课堂教学观察进行知识输入。这种教研方法主要通过观察课堂教学活动、学生表现等来获取知识。教师可以通过观察学生的学习情况、听取学生的反馈意见等方式，了解学生在学习过程中遇到的问题和困惑，并根据这些观察结果进行知识输入和教学改进。

三是注重使用适切性教研方法。教学实践问题导向的基于课堂教学观察的知识输入型教研方法注重将知识输入和教学改进与实际教学情境相结合，以提高教学的适应性和效果。通过观察、分析教学实践中的问题及其原因，教师能够根据具体情况进行针对性的知识输入和教学改进，以满足学生不同阶段的学习需求。

四是强调个体差异。通过观察学生的表现和听取他们的反馈，教师可以更好地了解学生的学习差异，并根据差异进行个别化的知识输入和教学改进。

五是促进教师专业成长。教师通过观察和分析问题，进行知识输入和教学改进，能够不断提高自身的教育教学水平和专业素养。

总之，教学实践问题导向的基于课堂教学观察的知识输入型教研是一种以观察和分析为基础，注重实际教学情境和个体差异，提高教学适应性的教研方法。

三、步骤

教学实践问题导向的基于课堂教学观察的知识输入型教研方法旨在通过观察和分析来提高教师的教学适应能力。这种方法注重实际教学情境和个体差异，旨在帮助教师深入了解教育教学实际情况，改进教学方法，提高教育教学质量。

教学实践问题导向的基于课堂教学观察的知识输入型教研主要包含以下步骤：

第一步，明确研究问题。教师需要明确所要研究的问题，例如学生的学习兴趣、学习困难点等。

第二步，选择观察工具。根据研究问题，选择适当的观察工具，例如观察记录表、教学记录、学生作业等。

第三步，进行数据采集。在课堂教学过程中，使用选择的观察工具进行数据采集，记录所观察到的情况。

第四步，数据整理与分析。教师将采集到的数据进行整理和分析，找出其中的规律和问题，并进行综合分析和总结。

第五步，制定解决方案。基于数据分析结果，教师可以制定相应的解决方案，如调整教学方法、开展个性化辅导等。

第六步，实施行动。根据制定的解决方案，教师开始采取相应的行动，并观察其效果。

第七步，反思和评估。教师需要对实施的行动进行反思和评估，看是否达到预期效果，并及时进行调整。

四、作用（通过案例来分析）

通过教学实践问题导向的基于课堂教学观察的知识输入型教研方法，教师能够更加深入地了解实际教育教学情况，找出问题并提出解决方案，从而改进教学方法，提高教育教学质量。这种方法注重观察和分析，充分考虑学生个体差异，能够有针对性地进行教学，提高学生的学习效果。同时，教学实践问题导向的基于课堂教学观察的知识输入型教研方法也可以促进教师间的交流和合作，使教师共同进步。

例如，在教研过程中，教师会遇到一些困惑，而从优秀课例中借鉴先进经验可以帮助教师消除这些困惑。

教师在教学过程中可能会遇到学生学习动力不足、理解困难、兴趣缺失等问题，同时也面临着如何设计有效的教学活动、提高学生参与度、培养学生的创新能力等挑战。这些困惑使教师在教学中感到无奈和迷茫，希望能够有一个方法来解决这些问题。

借鉴优秀课例是消除教学困惑的一种有效方式。通过观摩和学习其他教师的优秀课例，教师可以获取到一些宝贵的经验和思路。这些优秀课例可以是其他同事的授课录像，也可以是以往教师在教学中总结出来的成功案例。教师可以从中学习如何引导学生思考问题，如何设计活动让学生积极参与课堂等教学方法，同时也可以借鉴其他教师对于困扰自己的问题的解决方案。

教师教学中的困惑往往源于实践中的各种问题和挑战。而优秀课例的借鉴则能够为教师提供解决问题的有效途径和启示。下面以一个例子来说明实践问题导向的基于优秀课例借鉴的知识输入型教研：

某位老师在语文教学中遇到了一个难题：学生的阅读理解能力较差。她发现学生在阅读课文时常常理解不准确，甚至出现严重的偏差。

面对这个问题，该老师开始探索如何改进教学方法。她回顾了自己过去的教学经验，并且阅读了相关的教育文章。但还是感觉缺乏一些实际指导和灵感。于是，她决定通过借鉴优秀课例的方式来寻找解决方案。她参加了学校组织的教研活动，与其他老师一起分享和交流。在老师们的共同努力下，大家找到了一节优秀的语文课例。

课例中的老师采用了多种教学方法和策略。她引导学生主动思考，通过提问和回答问题的方式激发学生的兴趣。同时，她还结合相关实例，使用图文资料，使课文内容更加生动有趣。

这位老师深受启发，决定将这些优秀的教学措施应用到自己的课堂中。她在备课过程中重新设计了教学内容和教学活动。她开始注重学生的参与度，通过提问和小组合作的方式培养学生的阅读理解能力。

在实施新教学方案后，这位老师发现学生的阅读理解能力得到了明显提高。他们能够更准确地理解课文中的内容，并且能够运用所学知识进行扩展和应用。

通过这个例子，我们可以看到教学实践问题导向的基于课堂教学观察的知识输入型教研的重要性。教师在教学中遇到困惑时，可以通过借鉴优秀课例来获取实际经验和灵感，从而解决教学问题和提升教学效果。同时，这种教研方法也促进了教师之间的交流和共同成长。

总之，教学实践问题导向的基于课堂教学观察的知识输入型教研是一种有针对性和实践性的教学研究方法。在教研过程中，教师需要明确问题、观摩分析借鉴的优秀课例，并将其应用到实际教学中。通过这种方式，教师可以消除自己在教学中遇到的困惑，提高教学效果。

第九章　思维输出型教研

教学实践问题导向的思维输出型教研是一种以课堂教学问题为切入点，通过反思、研究和解决问题的过程来不断推动教学发展的方式。这种教研方式能够帮助教师们提高教学效果，增强学生的学习兴趣，促进教师之间的交流与合作，为教育事业的发展做出贡献。因此，我们应该鼓励教师们积极采纳这种教研方式，并为教师们提供相应的支持和资源，以推动教学质量的提升。

第一节　思维输出型教研的内涵

输出型教研的主要特点是具有思维性。在适切性教研中，教师需要将获取的知识经过思维的淬炼，通过一种形式进行表达。这种教研方式强调教师的思维能力和表达能力。教师需要通过思考、分析和整合所学知识，将其转化为自己的成果，并通过适当的形式来表达。这种教研方式注重教师的主动性和创造性，能够促进教师的思维能力的发展，并提高教师的教学水平。

近年来，教师们普遍认识到课堂教学的发展需要更多地侧重学生的学习问题。因此，教师们开始采取以教学实践问题为导向的思维输出型教研方式来改善教学质量和学生的学习效果。教师思维输出型教研突出了“问题—研究—解决—反思”的循环，将教学实践作为问题的源头，追求解决问题的过程与结果，以反思和总结为基础，再次提出新的问题，进一步推动教学发展。

教学实践问题导向的思维输出型教研活动的核心是教师的思维输出，即通过思考和分析教学中的问题，形成自己的思考和理解，并通过教育写作、成果申评和主题讲演等方式进行表达。

教学实践中常常会遇到各种问题和挑战，这些问题可能涉及教学内容的选择、教学方法的运用、学生学习的评价与反馈等多个方面。在进行教师思维输出型教研活动时，教师首先需要对教学过程中遇到的问题进行深入的思考和分析，找出问题的本质和可能的解决方案。一方面，教师可以通过深思教学实践中的成功经验来加深对问题的认识。例如，教师可以回顾自己曾经的一堂精彩授课，思考这堂课成功的因素有哪些。同时，教师也可以回顾一些未能达到预期效果的教学实践，思考是哪些因素限制了学生的进步。另一方面，教师可以借鉴理论和研究成果来拓展思维和解决问题。教育领域有丰富的理论和研究成果，可以给教师提供参考和借鉴。例如，教师可以阅读教育心理学和教学设计等方面的专业书籍，了解学生的认知特点和学习方法，以便更好地调整教学策略。

在进行思维输出型教研活动时，教师可以将自己的思考和理解通过教育写作、成果申评和主题讲演等方式表达出来。教育写作是教师将自己的思考和理解转化为文字表达出来，可以通过发表学术论文等途径来完成。成果申评是教师将自己的教学实践成果提交给专业机构或专家进行评审，可以通过编写教材或设计教学方案等方式来实现。主题讲演是教师将自己的思考和理解通过口头表达的形式传递给他人，可以通过参加学术会议或进行校内培训等方式来实现。

总之，思维输出型教研活动是一种促进教师专业成长和教育改革的重要方式。通过思考和分析教学中的问题，教师可以形成自己的思考和理解，并将其通过教育写作、成果申评和主题讲演等方式进行表达。这样的教研活动不仅可以提高教师的专业水平，还可以促进教育领域的创新和进步。

教学实践问题导向的思维输出型教研活动是一种让教师通过思考和分析教学中遇到的问题，并将其通过教育写作、成果申评和主题讲演等方式进行表达的教研活动。这种教研活动的核心是教师的思维输出，即教师通过思考和分析，形成自己的理解和结论。

在进行思维输出型教研活动时，教师首先要选择一个具有挑战性、有待改进的教学实践问题作为研究的出发点。这个问题可以是教学方法有效性的提高、学生学习兴趣的激发、学生表达能力的培养等等。教师需要将这个问题放置于教学实践的背景下，从理论和实践两个层面进行深入思考和研究。

接着，教师需要通过文献调研、专家咨询等方式进行信息搜集，以丰富自己的知识储备。教师可以阅读相关的理论文献，参加研讨会和培训课程，从而获得更多的专业知识和实践经验。

然后，教师要将所学的知识和经验与自己的教学实践相结合，深入分析和思考遇到的问题，并提出创新性的解决方案。这个过程中，教师可以通过教育写作的方式将自己的思考和理解进行书面表达，比如撰写教育论文、教学反思、编写教案等等。

在完成了教育写作后，教师可以通过成果申评的形式与他人交流和分享自己的思考和成果，包括参加教研组的讨论会、向学校进行汇报与分享，或者是参加学术会议。

最后，教师还可以通过主题讲演的方式将自己的思考和理解表达出来。教师可以在学校的师资培训会上进行演讲，也可以在学术研讨会上发表演讲。通过主题讲演，教师可以将自己的思考和理解与更多的人员分享，促进教育实践的进步和创新。

在进行思维输出型教研时，教师需要重点关注以下几个问题：

准确定位教学实践问题。教师需要对自己所面临的教学实践问题有明确的认知。这些问题可以是教学过程中的困惑、难点等。明确问题后，教师才能有针对性地进行思考和研究。

深入思考和分析问题。针对教学实践问题，教师需要进行深入的思考和分析。这包括对问题背后的原因和影响进行探究，通过反思和归纳总结，形成自己的思考和理解。教师可以从多个角度、多个层面去思考问题，寻找解决问题的突破点。

理解教育写作的重要性。教育写作是思维输出的一种重要方式。通过教育写作，教师能够把自己的思考和理解转化为文字进行表达，进而形成教育教学的文献资料。教师可以选择不同的写作形式，如调研报告、研究论文、实践总结等，以展示自己的研究成果和经验教训。

发挥成果申评的指导作用。思维输出型教研的目的是提高教师教学能力和专业素养。在进行成果申评时，教师可以根据评定标准和专家评审的反馈，对自己的教学思维能力进行评估和提升。这有助于教师进一步深化对教学实践问题的思考和理解，同时也促进了教师的专业发展。

利用主题讲演这一展示平台。主题讲演是教师思维输出的重要展示平台之一。通过主题讲演，教师可以将自己的思考和理解与他人分享，引发其他教师的共鸣和启发。同时，也可以从其他教师的反馈中获得更多的思维输出和研究成果，进一步提高自身的教学能力。

综上所述，思维输出型教研活动需要教师关注教学实践问题的准确定位、思考和分析问题的深入程度以及运用教育写作、成果申评和主题讲演等方式进行思维输出。通过这些方式，教师能够形成自己独特的思考和理解，提升教学能力，促进自身专业发展。

教学实践问题导向的思维输出型教研活动旨在培养教师创新思维和解决问题能力。在这个活动中，教师将教学中的问题作为启发思考的起点，通过各种方式表达自己的思考和理解，积极进行思维输出。

以笔者所在学校的一个数学教师小组为例：

该数学教师小组开展了一次关于“如何提高学生解题能力”的教研活动。在这个活动中，教师们首先分析了学生解题能力不足的原因，并发现了一些普遍存在的问题，比如学生的思维方式单一、解题过程不够系统和缺乏实际应用能力等。

于是，教师们尝试开展思维输出型教研活动。他们通过阅读相关文献和交流经验，寻找解决问题的思路和方法。一些教师通过撰写教育文章，探索如何培养学生的多样思维方式；另一些教师通过成果申评，分享自己在教学实践中尝试的方法及其效果；还有一些教师选择主题讲演，向其他教师分享提升学生解题能力的经验和实践。

通过这样的思维输出，教师们不仅加深了对问题的认识和理解，还促进了自己的专业成长。他们思考着如何将解题能力的培养融入教学中，不断尝试并总结经验教训。同时，这种教研活动也为其他教师提供了参考和借鉴，促进了整个数学教学团队的进步。

这次教研活动的核心是教师的思维输出，即通过思考和分析教学中的问题，教师们形成自己的思考和理解，并将其通过教育写作、成果申评和主题讲演等方式进行表达。这种思维输出不仅有助于教师个人的专业发展，更有助于教育事业的持续进步。这次教研活动中，教师们积极思考与分享，共同激发出教育的智慧火花，提高了学校数学教学的质量。

通过这个例子，我们可以看到教学实践问题导向的教师思维输出型教研活动的重要性和价值。它不仅有助于教师个人的专业发展，还促进了整个教育系统的进步。因此，我们应该不断鼓励和支持教师们开展这样的活动，为教育事业的发展做出更大的贡献。

第二节 教学实践问题导向的基于教育写作的思维输出型教研

教育写作被广泛视为一项极其重要的交流工具，其在教育实践中的作用不可或缺。教育写作具有有效传递教育思想、教学经验和教育心得的意义，能够帮助教师更加深入和系统地表达教育见解和观点。同时，教育写作也是提升教师专业成长的重要工具，能够助推教师对教育实践进行适切和理性的学术思考，从而提高教育教学的品质和水平。然而，要充分发挥教育写作的重要作用，教师必须具备相应的写作素养。因此，教师既要重视对学术理论的积累和思维能力的培养，同时也要注重写作技巧的训练。

一、教育写作的实质：以实践导向为价值特征的适切性学术表达

教育写作的实质是将实践经验转化为理性思考，并通过专业探索和适切

的学术表达来完成。教育写作是一种能力，它要求教师将所学到的知识和经验运用到实践中，同时以理性的思维方式对实践全过程进行分析和思考。

首先，教育写作需要基于实践经验。只有通过教育实践，教师才能对教育问题有深入的了解和体验。这些实践经验可以是教学、辅导、管理、研究等方面的经验。通过实践，教师能够发现问题、解决问题，并积累相应的经验。其次，实践经验仅仅是教育写作的基础，还需要将其转化为理性思考。理性思考是针对实践中的现象与问题，运用多学科知识和研究方法，从多维视角进行客观、科学的分析与推理，探究、解释、评估现象与问题背后的教育规律的过程。理性思考有助于更好地理解现象与问题的本质，并提出相应的解决方案。再次，专业探索和适切的学术表达是教育写作的重要环节。专业探索是指通过查阅文献、开展调查研究等方式，对教育领域中的特定现象与问题进行深入研究和探索，挖掘现象与问题背后的原因和影响因素等。适切的学术表达则是将研究成果以书面形式表达出来，包括撰写论文、研究报告等。

教育写作的本质意义体现在三方面：第一，通过学术表达将实践研究成果以及理论构建传达给读者；第二，淬炼教师的经验，促进教师自身的成长和进步；第三，分享教育智慧，推动教育实践发展，最终促进学生发展和教育创新进步（如图 9-1 所示）。

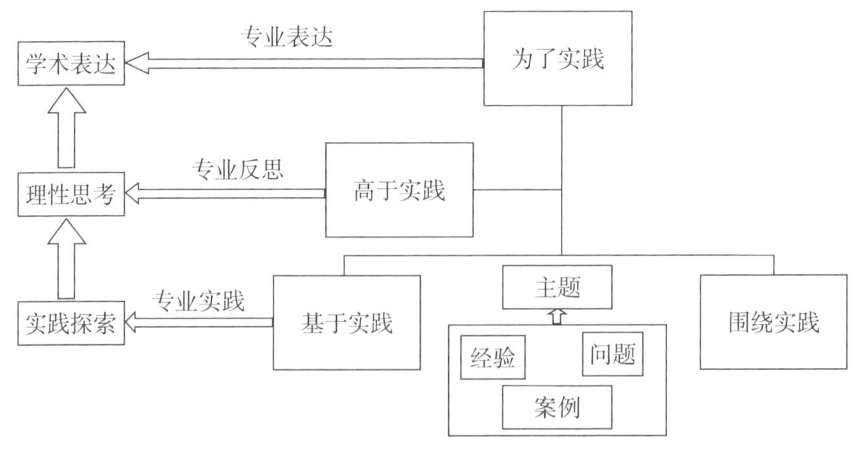

图 9-1　教师教育写作的学术表达逻辑

首先，教育写作是教师淬炼经验的方式。通过教育写作，教师可以整理思绪，提炼并深化自己的教育理念和教学方法。例如，教师在教学实践中遇到了问题，通过教育写作，可以回顾自己的经验，分析问题的根源，并有针对性地提出解决方案。通过总结和归纳个人的实践经验，教师能够从中获得更清晰、深刻的思考和感悟。同时，教师可以对自己的教学行为进行理性审视和凝练，并从学理和哲学意义上进行阐释和剖析。适切的教育写作不仅能够加深教师对教育实践的理解，还能够激发教师的思考和创造力，使教师能够更好地反思教育实践并从中获得成长，助力教师理论素养发展。

其次，教育写作是教师破难成长的路径之一。教师常常面临各种教育问题，通过教育写作，教师能够反思和总结自己的教育实践，思考得失和改进方法，从而提高教学效果。例如，教师在教学过程中遇到了学生学习兴趣不高的问题，通过教育写作，教师可以系统地分析问题，推动自己深入思考问题的本质和解决方案。写作过程中，教师记录问题并进行具体分析，可以更好地理清思路，并有针对性地提出解决方案。因此，通过适切的教育写作，教师能够提高自己的思考和问题解决能力，让自己在实践探索中成长和进步。

再次，教育写作是分享教育智慧的平台。通过教育写作，教师能够分享自己的教育经验和心得，与其他教育工作者进行深度交流和思想碰撞。这种互动有助于教师获取更多启发和建议，进而推动教育领域的创新与发展。例如，不同教师的实践案例、教学理念和教学方法都蕴含着宝贵的教育智慧，借鉴他人的经验可以帮助自身更好地认识和理解教育问题，并从中受益。这种学习和借鉴的过程促进了教育的创新，使教育工作者能够更好地应对日益复杂和多样化的教学环境。

此外，教育写作是教师克服倦怠的方式之一。在教育实践中，教师每天都要处理备课、上课、班级管理、家校沟通等多重任务。由于时间、精力所限，教师在不断支持学生成长的同时，个人成长的空间则被压缩。很多教师也因此产生职业倦怠，惰于发展。著名教育家苏霍姆林斯基曾言：“如果你想让教师的劳动能够给教师带来乐趣，使天天上课不至于变成一种单调乏味的义务，那你就应当引导每一位教师走上从事研究的这条幸福道路。”产生职业倦怠的教师需要通过创新教育教学方法、开展创新性教育实践重新点燃自己的教育生活。例如，教师可以根据课改要求和任教学校、学生的实际情况，尝试“对分课堂”“逆向教学”等较新的教学模式，在帮助学生学习的同时，又探索了本学科教学的优化方式，进而激发个人的教育热情。

二、教育写作的技巧：体现个体观点与社会影响的理性关联

教育写作是教师专业发展中至关重要的一环。它不仅是促进教师专业进步和教学创新的重要途径，更是将实践研究成果以及理论构建通过学术表达传达给读者的重要手段。所以，教师个人的教育写作不仅是一种表达方式，更是一种思想交流和信息传递的工具。把握个体观点与社会影响之间的理性关联，是保障教育写作社会引领价值的关键。实现从个体观点到社会影响的理性表达，教师需要通过运用各种写作技巧，如逻辑推理、事实论证、比较分析等，将个体的观点和想法转化为具有社会影响力的结构化文字。为了确保教育写作的学理品质，教师需要遵循一些写作原理和表达原则，做到结构合理、逻辑清晰，避免主观臆断和片面表达；语言精练、描述准确，避免冗长和模糊的表达，确保自己的思想能够被读者准确地理解和接受。教育写作如何实现两者的理性关联？可从以下三个方面入手：

其一，“我手写我行”。在教师教育写作中，强调“我手写我行”意味着教师应该将自己的实际工作经验融入写作中，以实际案例和事实为依据，使作品更具说服力和可读性。例如，在写一篇关于如何提高学生参与度的教育文章时，教师可以结合自己的实际经验进行论述，可以描述一个真实的案例，讲述教师在课堂上尝试提高学生参与度的具体经历。这样不仅能够向读者传达自己的实际经验和观察，还能够以真实的案例为依据，增加文章的说服力。读者可以更加深入地理解和接受教师提出的方法和观点，因为这些都是基于实践所得出的结论。笔者在 2022 年第 5 期《师道》上发表的文章《蹲下来赋能》，是一篇讲述工作室助力教师团队成长的文章。笔者叙述大量“蹲下来赋能”的成长案例，阐释了“蹲下来才是真爱”的观点。这样的叙写方式使文章更具可读性，

因为读者可以通过案例的描述更好地与教师产生共鸣，感受到教师在实践中所面临的挑战和取得的成果。因此，“我手写我行”强调了教师教育写作中实践性和真实性的重要性。

其二，“我手写我思”。在教师教育写作中，通过深入思考问题的根源，教师能够更好地分析问题的背景和影响因素，并提出独特的见解和解决方案。假设一个教师在课堂上遇到了学生不愿参与讨论的问题，在写作过程中，教师便会思考为什么学生不愿意参与讨论，进而发现这一现象产生的原因可能是学生在课堂上感到焦虑或者缺乏兴趣。然后，教师可以深入分析这些根源的背景和影响因素。通过这样的思考和探索过程，教师能够更好地理解问题本质，并为问题提供更全面和有效的解决方案。笔者在 2014 年第 6 期《师道》上发表的《何谓老师的幸福》一文，是在华中师范大学报告厅听了朱永新教授“过一个完整幸福的教师生活”的讲座后，结合对身边许多教师成长案例的观察，形成的认识和思考，是笔者对教师幸福感问题进行深入思考的结果。所以，教师教育写作的另一个基本特点是强调教师的探索性和反思性。通过深入思考，教师能够更好地理解和分析问题，并提出独特且有效的解决方案。教育写作中教师将问题探索的过程与思考结合起来，能够更好地表达教师的见解和观点，使教育写作更具有说服力和可信度。

其三，“我手写我心”。“我手写我心”强调了教师教育写作的一个重要特点，即强调教师的生长性和理想性。这意味着在教育写作过程中，教师需要关注自己的情感体验和内心感受，并通过文字表达出来。笔者发表在 2016 年第 9 期《师道》上的《让激情在理想与现实之间舞动》，讲述了笔者在课堂教学改革时期亲身经历的教学困境和教育探索，叙写了自己面临的挑战和压力，以及在教学改革探索中的理想、期望和追求。通过这样的写作方式，教师可以更好地与读者沟通和共鸣，让读者感受到其内心的热情和真诚。这样的写作方式不仅增强了文章的感染力与亲和力，也让读者更愿意吸收和采纳教师的观点和建议。“我手写我心”作为教师教育写作的特点，强调了教师的生长性和理想性，让教师可以通过表达自己的内心世界，与读者建立更紧密的联系。

三、教育写作的提升：实践推动和自我积累，提高写作素养

教育写作的提升是一个实践推动和教师自我积累共同作用的过程，旨在使教师的表达方式更为恰当，易于被读者理解和接受。通过参与教育写作的学习和实践，教师能够发掘并培养适合自身的表达方式，以便更有效地传达自己的思想和观点。

首先，需要摆脱自我设限。教师在写作时常常会面临多种限制，例如自身的知识和能力的限制。这些限制会导致教师对自身的教育写作能力产生怀疑和不自信。假如一位教师觉得自己的语言表达能力有限，不知道如何将自己的想法准确清晰地传达给读者。这种不自信会在教师写作时产生压力和困惑。然而，要提升教育写作水平，教师需要勇于面对自身的不足，并积极学习以提升自己的写作技巧。通过学习写作技巧，教师可以找到适合自己的表达方式，使自己的想法更容易被读者理解和接受。此外，教师还需不断摆脱自我设限。每每谈到教育写作，不少教师都会说出很多拒绝的理由，如：自己缺少丰富理论，自己文字功底弱，教学忙没有时间和精力，等等。本质上，这些思想就是自我设限的表现。笔者认识一位小学语文名师，她善于上课，就是害怕写教学论文，认为自己教育理论不足。笔者认为只要教师的教育实践做得好，就具备了写好论文的基础，于是笔者指导她进行了一次教育写作实践。文章顺利发表后，她克服了害怕教育写作的心理。教育写作需要教师摆脱自我设限，勇于面对自身不足，并积极学习以提升写作技巧。坚持教育写作是教师提升写作水平的最佳方式。与文学创作不同，教育写作更加注重教育实践的创新与思考。只要对教育实践用心且精心，持续思考且善于思考，并掌握一定的方法，教师就能够写出优质的教育作品。

其次，需要尝试实践推动。在教育写作中，教师可以采用实践推动的方法来提高自己的写作水平。例如，教师可以先制订一个详细的写作计划和目标，以给自己施加一定的压力，也提供一定的动力。比如，一个教师在某个学

期内计划写作一篇教学论文，他可以设定每周写一定的篇幅，每个阶段都有具体的目标和计划，以确保自己在时间上和任务上有明确的规划。除了制订计划和目标，教师还可以通过教学实践创新来推动写作。新课标背景下，对于大概念教学如何实施，很多教师缺少经验，笔者决定以历史课例“第 23 课 从局部抗战到全面抗战”为例，完成实践探索与学术赋能示范。备课中，笔者大量阅读相关学术成果，赋能大概念教学创新。在课后的研讨完善之后，笔者把相关实践与思考进行了整合，通过实践推动完成学术表达。好的教学实践加上好的教学思考，是完成好的教育写作的前提，教师可以在课堂上尝试新的教学方法和技巧，并在课后进行反思。通过深入思考自己的教学方法和技巧，教师可以发现存在的问题和不足之处，为自己的写作提供新的灵感和素材。此外，教师还可以寻找写作伙伴或加入写作小组，以实现相互监督和鼓励、共同进步的目的[①]。

最后，需要加强自我积累。教育写作对教师而言十分重要。为了提升自身写作能力，教师需要注重自我积累。笔者所在“适切性成长”创新团队中有一位优秀教师，他一直致力于提高自己的教育写作水平。为了实现这个目标，他从两个方面进行努力。首先，注重积累理论知识。他充分认识到理论知识对于提升写作水平的重要性，因此，他通过阅读大量相关资料，拓展自己的学术视野。他深入研究教育写作的原理和技巧，不断获取新的知识。例如，他主动关注最新的教育研究成果和学术论文，从中汲取养分来丰富自己的写作灵感。通过这种积累，他能够更好地理解教育写作的本质，掌握有效的写作方法，从而提升自己的写作水平。其次，他还注重观察和反思，以积累教学经验。他深知在教育实践中观察和思考的重要性。因此，他在日常的教学中注重观察和反思。他通过积极观察学生的学习情况和环境的变化，不断积累经验和启示。这些经验和启示能够给予他写作的灵感和素材。例如，他发现学生在特定情境下更容易理解某个概念，他就会运用这个观察结果来丰富自己的写作，使其更具

---

① 周文杰 . 契合单元特点 范文引领写作:“学会托物言志”教学与反思 [J]. 初中生世界，2022（4）: 18–21.

实际意义。笔者发表在2018年第9期《新课程评论》上的《例谈基于课堂实践的教师论文写作——以“情思历史”项目系列成果为例》一文，正是笔者围绕“中小学教师如何写教学论文才适切”的问题，在十多年坚持教学创新，完成反思性写作数十篇后，对此问题的思考不断深入和成熟，从写作本质到写作特点，再到写作模型，水到渠成地完成的学术表达。

总之，教育写作的提升可以通过实践推动和自我积累来实现。通过实践推动，即通过参与教育实践并将实践经验融入写作中，使教育写作更加贴近实际问题，并提升写作的可操作性和实用性。同时，通过自我积累，即通过反思和总结自身的写作经验，不断提高和完善自己的写作技能，能够使教育写作达到更高的水平和境界①。

教育写作中教育生活的理性反思与适切学术表达，实质是将教师的感性和碎片化的实践经验转化为系统的、理性的、本质化的教育思考，并通过适切的专业表达来完成思想交流。它要求教师不仅要具备实践教学经验，还需要具备理性思维和专业知识，以及相应的研究和表达的能力。教师只有通过持续教育创新和写作实践体验，才能不断提升自己的教育写作水平。

第三节　教学实践问题导向的基于主题讲演的思维输出型教研

一、内涵

教学实践问题导向的基于主题讲演的思维输出型教研是指教师通过教学实践探索，形成个人教学经验，并将这些经验进行总结和归纳，同时结合特定的教学主题进行经验淬炼讲演。

① 李煜．初中语文教学中传统文化渗透路径研究[J]. 新课程，2022（15）：202.

这种思维输出型的教研方式以教师对自身的教学问题解决的思考为导向。通过思考和总结经验，提炼出具有普遍性和指导意义的经验规律，进而对教学问题进行深入剖析，找出解决问题的有效途径和方法。其内涵包括如下几点：

首先，以教学实践问题为导向。在教学实践中，教师常常面临各种各样的问题，比如学生学习兴趣不高、课堂管理困难等。通过观察和分析这些问题的原因，教师可以找到解决问题的办法，并将其转化为主题。

其次，基于主题讲演方式。这种讲演是围绕一个特定问题展开，并以此为核心进行教学探讨。教师可以将自己在解决问题过程中的经验和思考整理成主题讲演，通过分享和交流来促进教学研究的深入。

最后，注重思维输出。教师在进行主题讲演的过程中要注重思维的输出，即将解决问题的思考和智慧进行总结和提炼，形成对教学的认识和理解，并将其分享给其他教师。这种思维输出可以促进教学研究的进一步发展，也能够激发其他教师的思考，对其他教师起到启示作用。这种教研方式不仅能够提高教师教学水平，也能够促进整个教育教学事业的发展。

二、特点

教学实践问题导向的基于主题讲演的思维输出型教研的主要特点可以总结为以下几个方面：

以实践问题为导向：教师在教学实践中会遇到各种问题和挑战，如学生的学习困难、教学资源的匮乏等等。这种教研方法以实践问题为导向，将个人在实际教学中遇到的问题作为研究对象，通过思考和改进来解决问题。

围绕主题展开讲演：在教学研究中，选择一个特定的主题作为研究对象，并围绕这个主题展开讲演。通过深入研究和分析，教师可以对该主题进行精辟的思考和总结，并将其转化为实际的教学策略。

思维输出型教研：这种教研方法注重教师的思考和智慧的输出。教师通过对实践情境的思索和整理，以及对教学问题的反思和总结，形成自己的教学经验和智慧，并通过讲演来分享和输出。这种方式可以促使教师不断进步和提高，同时也可以为其他教师提供借鉴和启示。

综上所述，教学实践问题导向的基于主题讲演的思维输出型教研是一种以教学实践问题为导向，通过深入研究和分析特定主题，对个人教学经验和智慧进行经验淬炼并以讲演方式进行分享表达的教育研究方法。它突出了实际教学的问题解决和思考过程，促进教师不断提高和成长。

三、步骤

开展这种教研方式主要有以下几个步骤：

第一步，对实践问题展开探索。教师在实际的教学过程中会面临各种问题和挑战。他们可以选择一个特定的教学主题，并对与之相关的实践问题进行探索和研究。

第二步，教学实践。基于选定的教学主题和问题，教师进行一系列教学实践活动。他们可以设计和实施针对特定主题的教学活动，同时记录和收集相关的教学数据和材料。

第三步，总结经验。在教学实践的过程中，教师会积累大量的经验和知识。他们可以通过反思和总结，提炼出有效的教学方法和策略，以及面对实践问题的解决思路。

第四步，主题讲演。教师可以基于个人的教学经验和总结，选择一个具体的主题，进行精心准备和展示。他们可以通过讲演的方式将自己的教学经验和思考与他人分享，促进教育领域的思想交流和理论发展。

第五步，教研输出。通过主题讲演，教师可以将自己的教学思考和智慧输出到教研领域。他们可以撰写教学研究论文，发布科研成果，参加学术研讨会并与其他教师进行交流和合作，推动教育改革，提高教学质量。

四、作用（通过案例来分析）

教学研究是教师不断提高教学水平和创新能力的重要途径。针对实践问题，基于主题讲演的思维输出型教研模式将个人经验与关于教学问题解决的思考和智慧有机结合，形成系统化的教学研究输出，促进教师的专业成长。

在教师的职业生涯中，教师面临各种教学实践问题是非常常见的。比如学生对某一知识点难以理解，教材落后于时代背景，教学资源不足，等等。这些问题困扰着教师，也影响着教学效果和学生的培养质量。教师在教学实践中积累了大量的经验，为了更好地推广、分享这些经验，基于主题讲演的教研活动显得尤为重要。教师可以挑选一个具体的实践问题，并通过自己的实践探索找寻解决问题的方法。一旦探索性的实践取得突破，教师就可以选择一个主题进行经验淬炼，并通过讲演交流经验。

主题讲演是将个人教学经验与关于教学问题解决的思考和智慧相结合，形成系统化的输出。例如，针对学生对某一知识点难以理解的问题，教师可以回顾自己的实践经验，总结成功的教学方法，并将其整理为主题讲演材料。

教师的主题讲演旨在通过分享个人教学经验和关于问题解决的思考，引发其他教师的共鸣，并促进他们在教学实践中更快速地解决类似问题。这种教学研究的思维输出将教师从孤立的个体变为参与共同进步的团体，为教师提供了沟通、交流和合作的平台。

以数学学科为例：

学生在学习代数时常常遇到难题。一位教师通过自己的实践探索发现，利用生活中的实际问题和游戏来培养学生的代数思维能力是一种有效的方法。她经过总结后，将这个主题进行了淬炼，形成了一场关于“从游戏到代数”的主题讲演。这场讲演引起了其他教师的关注和共鸣，进一步推动了教学实践中代数教学的改进。

基于主题讲演的教学研究强调将教师的实践经验和关于教学问题解决的思考相结合，促使教师通过思维输出的方式将个人经验转化为系统性的教学方法和技巧，并与其他教师进行共享和交流。这种模式不仅有助于解决教学实践中遇到的问题，也推动了教师的专业成长和学科发展。

第四节 教学实践问题导向的基于成果凝练和申评的思维输出型教研

一、内涵

教学实践问题导向的基于成果凝练和申评的思维输出型教研是指在教学实践探索基础上，结合成果申评要求，以问题解决和成果凝练为导向进行的教学研究和思维输出教研方式。

在当前教育改革的背景下，传统的教学研究已经不能满足教师专业发展的需求。教师需要从事更具实践性的教研活动，通过实际操作来解决教学中遇到的问题，并将所得到的成果凝练为有效的教学策略和教学方法。同时，这些成果还需要符合相关的申评要求，以便能够得到认可和推广。

教学实践问题导向的教研活动的核心是解决问题。在教学实践中，教师可能会遇到种种问题，例如学生学习兴趣不高、知识理解困难等。教师可以将这些问题作为研究课题，通过反思和分析，找出问题的根源，并提出相应的解决方案。在实施解决方案的过程中，教师需要运用各种方法和策略，对教学进行调整和优化，以达到预期的效果。

与传统的教学研究相比，教学实践问题导向的基于成果凝练和申评的思维输出型教研更加注重成果凝练，即在解决问题的过程中，教师需要将所得到的经验和成果进行提炼和总结，形成可供他人借鉴的有价值的教学经验。这些成果可以是教学设计、教学材料、教学方法等，能够为其他教师提供实用的教学参考。

同时，教学实践问题导向的基于成果凝练和申评的思维输出型教研还需要符合相关的申评要求。教育行政部门或学校通常会制定相应的申评标准和评估体系，评价教师的教学研究成果。教师在进行思维输出型教研时，需要考虑这些要求，确保自己的成果能够满足评审的标准，从而获得认可和支持。

总之，教学实践问题导向的基于成果凝练和申评的思维输出型教研是一种注重实践和解决问题的教学研究方式。通过实际操作和反思分析，教师可以解决教学中遇到的问题，并将所得到的经验和成果进行提炼和总结，形成具有实用价值的教学参考。同时，教师还需要符合相关的申评要求，以获得认可和支持。这种教研方式是教师专业发展的重要途径，也是推进教育改革的有效手段。

二、特点

教学实践问题导向的基于成果凝练和申评的思维输出型教研是一种以问题解决和成果凝练为目标的教学研究和思维输出的过程。它通过结合教学实践和成果申评要求，找出问题所在，并提出解决方案，最终达到有效的成果凝练和申评。这种教研方式的特点如下：

第一，以教学实践问题为导向意味着教研的重点在于解决实际教学中的问题。因此，在进行教研之前，教师需要深入了解自己所面临的教学问题，并明确解决该问题所需的目标和方法。在教研过程中，需要将理论知识与实践经验相结合，通过实际操作和实践验证，寻找最适合解决问题的方法。

第二，基于成果凝练和申评的思维输出型教研强调产出具有实际价值的成果。教师在教研过程中，应该注重对成果的凝练和总结，将解决问题的经验和方法展现出来，形成可供分享和借鉴的资料。这不仅有助于教师互相学习，提升教学能力，也有助于推动教育教学事业的发展。

第三，在进行思维输出型教研时，教师要合理安排时间和资源。教研需要一定的时间和资源支持，因此，教师在做教研规划时要合理安排教学和教研的时间分配，充分利用现有的资源，如教材、教辅材料、教学技术等。

第四，教师需要具备良好的沟通和合作能力。思维输出型教研需要教师之间充分交流和合作，共同探讨和解决问题。因此，教师应该主动与他人交流，分享自己的经验和成果，在合作中互相学习，以取得更好的教研效果。

第五，要重视质量和效果。教师在进行思维输出型教研时，不仅要注重产出成果，更要注重成果的质量和实际效果。教师应该持续地评估和改进自己的教学方法和成果，不断提高教育教学质量，达到最终的申评要求。

总之，教学实践问题导向的基于成果凝练和申评的思维输出型教研是一种注重解决实际教学问题、产出具有实际价值成果的教研方式。在进行这种教研时，教师们应该合理安排时间和资源，具备良好的沟通和合作能力，并重视成果的质量，以提高教学质量和推动教育教学事业的发展。

三、步骤

教学实践问题导向的基于成果凝练和申评的思维输出型教研的一般步骤如下：

第一步，确定教学问题。在开始教学研究前，需要明确具体的教学问题。该问题应该符合课程要求，并且有特定的背景和目标。例如，可以研究如何提高学生的学习主动性，如何培养学生的创新思维能力，等等。

第二步，实施教学实践。根据确定的教学问题，设计实施相应的教学活动。在实施过程中，可以使用多种教学方法和教学资源，以激发学生的学习兴趣。同时，记录下每个环节的实施情况和反馈。

第三步，分析与评估。通过观察、访谈、问卷调查等方式收集相关数据，并对其进行整理和分析评估，以便了解教学实践的效果和存在的问题。

第四步，成果凝练和申评。根据分析和评估的结果，总结教学实践中的成功经验和问题，并进行成果凝练。可以撰写教学案例、教学设计或教学反思等成果，以展示教学实践的价值和对教育教学的贡献；也可以选择将成果申请评估，以进一步得到专家的意见和建议。

第五步，思维输出和教研分享。通过教育会议、学术论文等方式，将研究成果与他人进行分享和交流。同时，也可以与其他教师和专家进行探讨，以丰富自己的教学思维和提升教育教学水平。

教学实践问题导向的基于成果凝练和申评的思维输出型教研可以促进教师的教学实践和思考能力的提升，推动教育教学的改进和创新。

四、作用（通过案例来分析）

下面以小学语文教学为例，来说明教学实践问题导向的基于成果凝练和申评的思维输出型教研的应用过程。

在小学语文教学中，我们经常会面临一个问题：如何提高学生的阅读理解能力。根据成果申评要求，我们可以明确目标，即希望学生能够通过阅读，理解文章的含义并进行准确的表达。

既然是以问题为导向的教研，那么我们首先需要分析问题所在。为了找到提高阅读理解能力的方法，我们需要回顾之前的教学实践经验，并进行问题分析。通过观察学生的表现，我们发现学生普遍在理解文章时遇到困难，他们往往只停留在对表面文字的理解上，而缺乏对文章内涵的深入思考。

接下来，我们将进行实际的教学探索。我们可以利用课堂时间进行多种形式的练习和讨论，以提高学生的阅读理解水平。例如，我们可以选用一些趣味性较强的文章，通过阅读和讨论来激发学生的兴趣，提高他们对文章的理解能力。同时，我们也可以结合课外阅读，鼓励学生多读一些与课程内容相关的书籍，扩大他们的知识面，并培养他们对不同题材文章的理解能力。

在这个实践过程中，我们应当及时总结并记录下学生的表现和学习效果。通过观察和评估学生的学习情况，我们可以了解问题解决的进展，并据此调整我们的教学策略和方法。同时，我们也可以充分利用各种评价手段，如试卷分析、小组讨论等，对学生的阅读理解能力进行评估，以推动问题的解决和成果的凝练。

最后，在进行成果申评时，我们可以根据之前做的记录和评估，对学生的阅读理解能力进行全面评价。这样不仅可以帮助我们更好地了解学生的学习状况，还能够为今后的教学提供参考和指导。

通过这个例子，我们可以看出教学实践问题导向的基于成果凝练和申评的思维输出型教研具有很大的实际应用价值。它能够帮助教师深刻理解问题本身，从实践中积累经验，不断探索并改进教学策略和方法，最终推动教学质量的提高。

第十章 综合应用型教研

综合应用型教研是一种以解决实际教学问题为导向的教研活动。其核心在于围绕教学问题展开研究，旨在将理论知识与实践经验有机结合，从而找到解决教学难题的有效途径。这种形式的教研不仅有助于促进教师的专业发展和教学创新，更能够提升教师的教学水平，为学生提供更加优质的教育服务。综合应用型教研对于教师的专业发展和教育创新具有重要意义。通过综合应用型教研，教师能够不断提升自身的教学能力和教学质量，更好地满足学生的学习需求。同时，综合应用型教研也能够培养教师的创新思维和解决问题的能力，使他们成为教育改革的推动者和实践者。开展综合应用型教研，不仅是一种教学方法的改进，更是一种教育理念的转变，它将推动教育事业不断向前发展。

第一节 综合应用型教研的内涵及作用

综合应用型教研是一种以解决实际教学问题为导向的重要教研活动。其核心在于综合运用知识输入型教研和思维输出型教研的方法，通过不断切换运用知识输入研究与思维输出研究，以提升教师的教学能力和教学质量。

在综合应用型教研中，教师通过深入研究实际教学中遇到的问题，积极寻找解决方案。他们不仅要从理论层面进行知识输入的研究，紧跟教育领域的发展，掌握最新的教学理念和方法，还要通过思维输出的研究，将所学知识转化为实际教学中的有效策略和方法。这种综合运用的方式，能够使教师更好地适应教学环境的变化，从而提高教学的针对性和实效性。

输入型教研和输出型教研是综合应用型教研的两个重要组成部分。输入型教研注重教师通过学习和研究教育理论、教学方法等内容，提升自己的教学能力。而输出型教研则是教师将学到的知识和理论应用到实际教学中，并通过实践、观摩、反思等方式对教学进行改进和提高。而综合应用型教研则是教师在教学问题解决过程中，将输入型教研和输出型教研进行有机结合，根据教学需要和目标的不同，在不同的阶段和情境中进行切换和应用。

通过不断地切换和应用输入型教研和输出型教研，教师可以在实践中不断地积累经验、反思教学并进行调整，从而提高教学质量。综合应用型教研就像是教师的导航仪，帮助教师在教学的大海中航行，找到自己的方向和目标。只有不断地运用和整合两种教研形式，教师才能真正实现教学能力的提升和教学效果的改进。

综合应用型教研注重将理论与实践相结合，不断探索教学问题的解决方案。教师在教学实践中积累了丰富的经验，而这些宝贵的实践经验对于教学改进和创新至关重要。综合应用型教研将这些实践经验与理论知识相融合，使教师能够更好地理解和运用教育理论，同时也能够将理论转化为实际操作中的有效策略和方法。这种理论与实践的有机结合，不仅能够解决实际教学中遇到的问题，还能够促进教师的专业发展和教育创新。

综合教师应用型教研的价值在于其具有较强的实践性和针对性。通过深入研究教学问题，教师能够积极探索解决之道。这个过程不仅有助于教师深入理解教学理论，更能够引导他们将所学的理论知识灵活应用于实际教学中。通过实践的探索，教师能够找到适合自己的教学方法和策略，进而提升教学效果。

开展综合应用型教研能够促进专业成长。通过参与教研活动，教师能够与同行进行深入的交流和合作。他们可以分享自己的教学经验和心得，从其他教师的实践中汲取灵感和启示。这种专业交流和合作不仅能够拓宽教师们的教学视野，更能够激发他们的创新思维，推动教学方法的不断优化和更新。

综合应用型教研是一种有益于教师专业发展和教学创新的教研形式。通过深入研究教学问题，教师能够将理论知识与实践经验相结合，找到解决教学难题的有效途径。这种教研形式不仅能够提升教师的教学水平，而且能为学生提供更加优质的教育。因此，我们应当积极支持和推广综合应用型教研，为教育事业的发展贡献力量。

综上所述，综合应用型教研是一种以解决实际教学问题为导向的重要教研活动。通过综合运用知识输入型教研和思维输出型教研的方法，教师能够更好地提升教学能力和教学质量。综合应用型教研将理论知识与实践经验有机结合，帮助教师找到解决教学难题的有效途径，促进教师的专业发展和教育创新。

综合应用型教研活动具有如下作用：

首先，综合应用型教研能够帮助教师把抽象的教育理论变成具体的教学实践。通过结合教育理论与实际教学，教师能更好地理解和应用教学原则、方法和策略，让教师的教学更有针对性和有效性。教师可以根据学生的特点和需求，灵活运用所学的教育理论和教学方法，设计出更有针对性和创新性的教学活动，从而提升学生的学习成效。

其次，综合应用型教研能够促进教师的专业成长和自我反思。通过将理论知识应用于实际教学，教师能够不断地检验和验证自己的教学假设和方法，发现问题并进行反思。教师可以通过实践不断地调整和改进教学策略，提高自己的教学能力和专业素养。同时，综合应用型教研也能够促进教师之间的交流和合作，教师之间通过观摩、讨论和分享经验，共同提高教学水平。

最后，综合应用型教研有助于提高教学质量和满足学生需求。通过综合应用型教研，教师能够更好地理解学生的学习需求和特点，根据学生的差异性进行个性化教学，提供更有效的学习支持和指导。教师能够通过实践不断地改进和创新教学方法，激发学生的学习兴趣和潜能，提升教学质量。

所以，综合应用型教研对于教师的教学能力提升和教学质量改进至关重要。教师应该积极参与综合应用型教研活动，将理论知识与实际教学相结合，不断反思和改进教学实践，提高自己的教学能力和专业素养，为学生提供更优质的教育服务。

第二节　以应用为特征的深度教研

一、内涵

综合应用型教研以应用为特征，强调教研过程要基于实践、围绕实践和为了实践。这意味着在进行综合应用型教研时，教师需将实践作为教研的出发点和归宿。教研的目的是更好地解决教学实践中的应用问题，提高教学效果。综合应用型教研的内涵主要包括以下几个方面：

一是以实践为基础。综合应用型教研强调教研过程要以实践为基础。教研的出发点是解决和应对教学实践中的问题和挑战，通过实践中的观察、记录和分析，寻找问题的解决方案并进行实践验证。二是注重实用性和实操性。综合应用型教研注重找到切实可行的解决方案，并将其应用于教学实践中。教师通过实践的验证和反馈，不断调整和改进教学方法，使其更具实用性和可操作性。三是理论与实践相结合。综合应用型教研强调将理论与实践相结合。教师通过对实际教学问题的观察、分析和总结，将理论知识应用于实践中，不断优化教学策略和方法。

总之，综合应用型教研的内涵包括以实践为基础，强调实用性和可操作性，并将理论与实践相结合，以提高教学效果和解决教学实践中的问题。

二、问题意识、实践意识、深研意识（结合案例分析）

在综合应用型教研实践中，教师需要具备问题意识、实践意识、深研意识，以便更好地解决实际教学问题。

1. 问题意识

问题意识是教师能够意识到教学实践中存在的问题和挑战，是开展教研活动的基础和动力。下面将从问题意识包含的几个方面以及问题意识在综合应用型教研中的作用等方面进行分析。

问题意识主要包括以下几个方面：

学生学习问题意识：教师需要关注学生在学习中遇到的问题和困难，例如理解困难、学习方法不当等。通过观察和与学生交流，教师可以发现学生的学习问题，并有针对性地提出问题，以便更好地指导学生。

教学过程问题意识：教师需要关注教学过程中的问题，例如教学方法不合理等。教师可以通过观察和反思，发现教学过程中存在的问题，并提出解决方案，以便改进教学。

教学效果问题意识：教师需要关注学生的学习效果，例如学生的学习成绩如何、学习兴趣是否浓厚等。教师可以通过评估和反馈，了解学生的学习效果，并提出问题，以便改进教学策略和方法。

教育环境问题意识：教师需要关注教育环境中存在的问题，例如教学资源不足等。教师可以通过观察和调研，发现教育环境中的问题，并提出改善意见，推动教育环境的优化完善。

教师自身问题意识：教师需要关注自身在教学中存在的问题和不足，例如教学方法存在局限、知识更新不及时等。教师可以通过反思和自我评估，发现自身的问题，并积极解决问题，以便不断提升教学能力和教育素养。通过运用以上问题意识，教师可以更好地发现和解决教学中存在的问题，提高教学质量和学生的学习效果。

问题意识在综合应用型教研中具有重要的作用。教师在教学实践中常常面临各种问题，如学生学习困难、学生不适应教材、教学方法不合理等。问题意识能够帮助教师认识到这些问题的存在，并引发对问题的思考和解决。教师只有具备问题意识，才能够推动教研活动的开展。问题意识在应用型教研中起到了至关重要的作用。综合应用型教研的目的是解决实践中的问题，提高教学效果。而问题意识正是教师能够识别问题、分析问题、解决问题的关键。具有问题意识的教师能够在教研活动中明确问题的定位和范围，通过理论和实践相结合的方式，寻找解决问题的策略和方法，并将其应用于教学实践中，不断调整和改进教学策略和方法。问题意识的存在和发展，能够推动教师的专业成长和发展，提高教学质量。

总之，问题意识是综合应用型教研的基础和动力。教师通过培养和发展问题意识，能够识别、分析和解决教学实践中存在的问题，推动教研活动的开展，提高教学质量。教师应积极培养和发展自己的问题意识。

2. 实践意识

实践意识是指个体或组织在实际行动中对问题和挑战的敏感度和认知能力。它体现了个体或组织对实际问题的关注和理解，以及对解决问题的态度和行动意愿。实践意识使个体或组织能够从实践中获得经验和教训，不断反思和改进自身的行动方式，以达到更好的效果。它强调实践与理论的结合，注重问题导向和实际应用，促使个体或组织在实践中不断探索、创新和成长。通过培养和发展实践意识，个体或组织可以更好地适应变化、解决问题，并取得更大的成功。

当教师在教研实践中发现各种问题后，他们可以通过以下途径来解决问题：

实践行动：教师可以积极采取行动来解决实践问题。例如，他们可以尝试新的教学方法和策略，进行实地考察和观摩其他教师的课堂，与同事进行交流和合作，参加教学培训和研讨会，等等。通过这些实践行动，教师可以不断积累教学经验，提高教学能力。

实践体验：教师应该通过实践体验来深入了解实践中的问题。他们可以在实际教学中观察、记录和分析学生的反应和表现，了解学生的学习需求和问题所在。通过实践体验，教师可以更好地把握教学实践中的细节和变化，从而更加准确地判断问题所在，并采取相应的措施。

实践探索：教师应该具备积极开展实践探索的精神和态度。他们应该勇于尝试新的教学方法和策略，不断探索和创新，以解决实践问题。教师可以进行小规模的教学实验，通过试错和反思来不断改进教学方式和策略。同时，教师还可以积极参与教学研究项目，与其他教师一起探索和分享教学经验，从中获取启发和借鉴。

通过实践行动、实践体验和实践探索，教师可以更加主动地解决实践中的问题，提高教学质量和学生的学习效果。同时，教师的创新能力和学习动力也能被有效激发，使教师在教学研究中不断进步和成长。

3. 深研意识

深研意识是指在深度教研的基础上，教师主动追求深入研究和解决问题的意识和态度。它强调教师对问题的深入思考和分析，以及对问题解决方式的深入探索和创新。深研意识要求教师不满足于治标不治本的解决方案，而是积极探索更加全面和深入的解决方案，致力于提高教学质量和效果。深研意识是教师持续发展和专业成长的重要动力，它促使教师不断挑战自我，不断追求教学的深度和创新。

深度教研是一种追求解决问题的深度和解决方式的深入的教学研究方法。在深度教研中，教师通过深入研究和解决教学实践中的问题，提高教学质量。首先，深度教研注重解决问题的深度。教师在教学实践中遇到的问题往往具有一定的复杂性，需要深入思考和研究。深度教研强调对问题的深入分析和理解，通过深入挖掘问题的本质和根源，寻找更加深入和全面的解决方案。其次，深度教研注重解决方式的深入。教师在解决问题的过程中，需要深入研究和探索不同的解决方式。这包括对教学理论和方法的深入了解和研究，以及对教学实践的深入观察和反思。通过深入研究解决方式，教师可以提出更加有效的解决方案。教师通过深入研究和解决问题，不断提升自身的教学能力和水平，提高教学质量。深度教研不仅关注解决问题的方法，更注重解决方式的深入，即通过深入研究和探索，找到更加全面的解决方案，从而实现教学目标的深度发展。

综上所述，在综合应用型教研实践中，结合问题意识、实践意识和深研意识，可以帮助教师积极探索并解决教学中的实际问题。在综合应用型教研中，教师首先通过问题意识的发力，准确地发现和把握教学中存在的问题，深入了解学生的需求和困惑。然后，教师通过实践意识，积极尝试各种教学策略和方法，不断调整和改进教学实践，以满足学生的学习需求。最后，教师通过深研意识，主动深入研究和解决问题，实现教学目标的深入发展。

例如：

在一所小学的语文教学中，一位教师发现学生在写作方面存在困难。经过观察和分析，教师发现学生在写作时缺乏逻辑思维和文章结构组织能力，作文内容空泛，缺乏细节和观点的支撑。教师意识到这是一个需要解决的问题，并决定通过综合应用型教研来找到有效的解决方案。教师开始尝试不同的实践方法，如提供写作范文、进行写作训练等。然而，这些方法并没有显著改善学生的写作能力。教师意识到需要深入研究学生写作困难的原因。教师参加相关的教研活动、研讨会，阅读相关的教育理论和研究成果。之后发现，学生的写作问题可能与他们的思维方式和写作习惯有关，于是决定尝试启发学生的思维，引导他们进行思维训练，如制作思维导图、训练逻辑思维等。同时，教师也鼓励学生多阅读，培养他们的观察力和思考能力。经过一段时间的实践和研究，教师发现学生的写作能力有了显著提高。他们的作文内容丰富起来，观点变得明确，组织结构趋于合理。学生的写作习惯和思维方式也发生了积极的变化。

这个案例生动地展示了综合应用型教研中问题意识、实践意识和深研意识的融合应用。教师通过问题意识发现学生的写作困难，通过实践意识尝试不同的教学方法，通过深研意识深入研究学生的写作问题，并找到了有效的解决方案。这个案例不仅展示了教师在实际教学中的应用能力，也体现了教师对教学问题的深入思考和追求更好的教学效果的态度。

第三节　以综合为特征的循证教研

一、内涵

以综合为特征的教研方式强调综合运用知识输入型和思维输出型教研方法，教师通过不断学习新的知识和教学方法，并将其转化为实际的教学策略和行动，来提升教学水平。这种教研方式既注重教师的知识积累和教学资源的获取，又注重教师的思考和实践能力，他们不仅仅是知识的被动接收者，更是思考者和创造者。通过教学实践中的反思和总结，教师能够将自己的教学经验和教育理念转化为具体的教学策略和方法，提升教学效果和学生的学习成果。综合应用型教研的内涵主要包括以下几个方面：

知识输入型教研：这种方式注重教师获取新知识和教学方法的过程。教师通过参加培训、研讨会、阅读教育专业书籍和文献等方式，不断优化自己的教学知识和技能。这种教研方式主要强调教师对于学科知识的深入了解和掌握，以及教学资源的广泛积累。

思维输出型教研：这种方式注重教师将知识和经验转化为实际教学策略的过程。教师通过思考、讨论、总结、反思等方式，将自己的思维和想法输出为具体的教学行动。这种教研方式主要强调教师对于教学问题的思考和解决能力，以及对于教学实践的反思和改进意识。

综合运用知识输入型和思维输出型教研：这种方式将教师的知识输入和思维输出有机结合起来，通过综合运用各种教研方法和工具，将教师的知识和思维转化为实际的教学行动。教师在教研过程中既要不断学习新的知识和教学方法，也要运用自己的思维和想法来解决教学问题，并将教研成果应用于实际教学中。综合型教研方式的特征在于强调知识输入型和思维输出型教研方式的综合运用，通过教师的知识输入和思维输出，实现对教师教学知识和教学实践的全面提升。

二、创新意识、循证意识（结合案例分析）

在开展综合应用型教研活动时，具备创新意识、循证意识可以帮助教师深入理解教学问题，创新教学手段，提升教学效果。

1. 创新意识

综合应用型教研作为一种特征明显的教研方式，需要教师具备创新意识。创新意识是指教师在教学中积极探索，尝试新的教育理念、方法和工具的意愿和能力。首先，综合型教研需要教师具备开放的思维和敏锐的观察力，能够及时发现教学中的问题和挑战，并主动寻求解决方案。教师需要不断关注教育领域的最新发展和研究成果，了解新知识和新思维方式，并将其融入自己的教学实践。其次，创新意识还要求教师勇于尝试新的教学策略和方法。教师可以通过参加教育培训、研讨会和交流活动等途径，了解并学习其他教师的创新实践经验。同时，教师还可以积极利用现代技术手段，如在线教育平台，将新技术应用到教学中，提升教学效果。再次，创新意识还需要教师具备敢于挑战传统教学观念和模式的勇气。教师应该敢于打破常规，尝试新的教学方式，如项目制学习、合作学习等，以激发学生的学习兴趣和潜能。

综合应用型教研的创新意识是教师提高教学质量和教育水平的关键因素之一。在综合应用型教研中，教师会根据学生的特点和学习目标，选择合适的教学方法和策略，以提高教学效果。创新意识可以为综合应用型教研提供更多的选择和可能性。教师通过不断关注教育领域的最新发展和研究成果，了解新知识和新思维方式，可以源源不断地为综合应用型教研提供教学创意。只有具备创新意识的教师，才能不断更新自己的教学观念和方法，不断追求教学的创新和改进，从而为学生提供更好的教育服务。

例如，教师在进行综合应用型教研时，可以尝试引入新的教学工具和技术，如虚拟实验室、在线学习平台等，以丰富教学内容和提供更多的学习资源。教师还可以探索新的教学模式和策略，如大概念教学、个性化学习等，以激发学生的学习兴趣，提高学生学习效果。创新意识与综合应用型教研的结合，可以帮助教师更好地理解学生的需求，并提供更有效的问题解决方案。通过创新意识，教师能够不断改进自己的教学实践，提高教学质量，为学生提供更有针对性的个性化教育服务。

2. 循证意识

除了创新意识，循证意识也是综合应用型教研的重要方面。循证意识是指教师在教学研究中注重使用科学的研究方法和数据分析，以可靠的证据来支持教学决策的意识。循证意识的核心是关注教学实践的效果和影响，通过收集、整理和分析相关数据，做出科学合理的教学决策。

在综合应用型教研中，创新意识和循证意识是相辅相成的。创新意识鼓励教师不断尝试新的教学方法和策略，以满足学生的需求和提高教学效果。而循证意识则强调教师在创新的基础上，通过科学的研究方法和数据分析，评估教学效果，并基于证据做出调整和改进。

循证意识在教学研究中包含两个层面的内容。首先是循环。教学研究中的问题解决是一个连续的、循环的过程，而不是单一的、线性的过程，这意味着教师需要不断地反思和调整自己的教学方法和策略，以适应学生的需求和不断变化的教育环境。循证意识的循环特点强调教师在教学研究中应该具备持续改进和反思的能力。其次是证据。这里的证据指的是教师在问题解决过程中所依凭的科学证据。这些证据可以来自教育研究、教学实践、学生评价等方面。循证意识强调了教师在教学研究中应该基于可靠的证据来做出科学合理的教学决策。通过收集、整理和分析相关数据，教师可以更加准确地评估教学效果、发现问题，并采取相应的措施进行改进。

综合来看，循证意识在教学研究中既强调了问题解决的过程性特点，又关注了问题解决的深层性特征。循证意识的循环特点使教师能够持续改进和反思自己的教学实践，不断适应学生需求和教育环境的变化。而循证意识的证据特点则使教师能够基于科学的证据做出合理的教学决策。综合运用循证意识的两个层面，教师可以更加全面地理解和解决教学问题，提升教学质量。

以下是一个翔实生动的案例：

一位小学数学教师在教授分数的概念时遇到了困难，他发现学生对于分数的理解不深入，常常错误地将分数视为一个整体而不是一个部分。教师意识到需要创新教学方法来帮助学生更好地理解分数的概念。

首先，教师运用创新意识，思考如何设计一种新的教学方法来引发学生对分数的兴趣，并促使他们深入理解分数的概念。教师决定采用游戏化教学的方式，并设计了一个名为“分数大冒险”的活动。在活动中，学生被分为不同小组，每个小组代表一支勇敢的探险队，他们需要完成一系列与分数相关的任务才能闯关成功。这样的创新教学方法激发了学生的积极性和主动性，增加了他们学习分数的兴趣。

然后，教师运用循证意识，通过收集和分析学生的学习数据，并结合教学观察和访谈等方式，对这个创新教学方法的效果进行评估。教师发现，在这个游戏化教学活动中，学生的积极性、主动性更高，通过解题和完成任务，学生对分数的概念有了更深入的理解。通过这些证据，教师得出结论，这种创新的教学方法是有效的，可以促进学生深入理解分数的概念。

最后，基于循证意识的证据，教师进一步改进这个创新教学方法。根据学生的反馈和观察结果，教师调整了活动的难度和内容，使其更加贴近学生的学习需求和水平。同时，教师还通过与其他教师的交流和分享，了解到其他创新的教学方法，进一步丰富了自己的教学策略。

通过综合运用创新意识和循证意识，这位小学数学教师成功地设计了一个新颖的教学方法，并通过科学的证据进行了验证和改进。这个案例生动地展示了创新意识和循证意识在综合应用型教研活动中的重要作用。

第四节　适切性课题研究

中小学教师要不要进行课题研究，一直以来都存在争议。持反对意见的教师的主要理由是：课题研究是大学教师做的事，中小学教师的主要职责是把课上好和把学生教育好；课题研究需要花费大量的时间和精力，会影响教学，对中小学教师来说，把时间、精力花在提高学生成绩上才是正确的选择。表面上看好像很有道理，认真推敲则不难发现其中存在逻辑问题：这个观点无形中将课题研究的概念泛化了，把大学课题研究与中小学课题研究等同看待，基于此推导的结论也必然是不可靠的。其实，课题研究的本质是一种方法，是教师用来解决教育教学问题、实现自身专业成长的手段。手段本身不存在好坏对错，适合的才是最好的，关键是什么时候运用什么样的手段，以及如何有效运用手段解决问题，这才是更值得关注的议题。所以，我们不要争论中小学教师要不要做课题研究，而要思考做什么样的课题和如何做课题。

中小学教师要想做好课题研究，须从选题立意、方案设计、实践行动、成果凝练四个方面着手，具体如下：

一、返璞的选题

课题立意重在与本职工作直接接轨。中小学教师课题研究首先要弄清“我是谁”和“为了谁”的问题。这两个问题关系到教师对自我角色的认知和对课题研究工作的定位。只有清晰的角色认知和准确的研究定位，才能保证课题研究工作不偏不倚。相对大学教师的职业特点来说，大学教师工作研究的特质更多一些，如果说大学教师的角色本质趋向于研究者，那么，中小学教师的角色本质更趋向于实践者，中小学教师工作的实践性更强一些，侧重于对教育教学规律和课程教学内容的实践和探索。基于这种不同，中小学教师课题研究的目的理应是为实践服务，即通过教师的课题研究提高教师教育教学实践的能力与水平。而适切的课题研究首先要选择合适的选题，研究的问题要有利于教师教育教学发展和自身专业成长。因此，选题要从教师自身的教育教学实践情景中来，要与自己的教育教学实践直接接轨，具体而言，教师在教育教学实践中产生什么困惑，就研究什么问题，而不能凭空捏造出一个选题。

例如：

有一位高中教师申报省级课题，开始的选题是“广府文化的特质：包容务实，敢为人先”，立项失败后改成“广府文化的特质与现代价值的调查研究”去申报市级课题，立项再次失败后，又改为“高中史地融合的研究性教学研究”，最后成功申报省级专项课题。

课题立项的曲折经历让这位高中教师感叹说：课题立项真不容易。的确如此，各级教育部门组织的课题申报，尤其是有经费支持的课题往往受名额的限制，要想成功通过专家的层层评审，的确不是件容易的事。但我们也发现，很多时候，是选题不当阻碍了立项的顺利前行。就拿前述这位教师来说，第一次申报的课题“广府文化的特质：包容务实，敢为人先”，从课题选题上看，立项失败的结局就可以预见了。为什么？大家知道，课题研究必然是基于问题的行动，有问题才需要研究，而“广府文化的特质：包容务实，敢为人先”的表述是基于结论的陈述，是结论句和肯定句式。试想，问题的结论和答案都已经有了，还有研究的必要吗？所以，选题违反了“必须是基于问题的陈述”的基本原则。第二次的选题“广府文化的特质与现代价值的调查研究”虽然是基于问题的描述，但没解决好中小学教师课题研究中“我是谁”和“为了谁”的问题，与中小学教师的教育教学工作也没有直接的联系，评审专家自然会有担心和质疑：作为一线高中教师，每天忙于备课、上课、改作业，还有多少时间和精力在上完课后去开展与自己工作联系不大的调查研究？所以，第二次申报失败也在情理之中。而最后的选题“高中史地融合的研究性教学研究”可以说是既回到了教学问题，也回到了自己的教学实践中，这才得以申报成功。

通过这个案例我们可以发现，一次成功的课题研究从拥有返璞的选题开始。成语“返璞归真”中的“璞”，原义指美玉，一种原生态的没有经过任何雕琢加工的玉。返璞的选题强调中小学教师课题研究的选题要有璞的特质，切忌假、大、空，切忌游离于自己的工作实践。研究的问题应直接源于教师在自己的教育教学中遇到的问题，与自己的工作实践直接接轨，这样才能更好地为自己的教育教学实践和专业能力提升服务。

二、简约的方案

方案设计强调教学实践中的动态完善。具有高可控性的研究计划可以确保课题研究有序进行，而课题研究的可控与有序，则主要通过课题研究方案来实现。所以说课题研究方案是合理组织课题研究活动的必要条件，是为完成课题研究任务而编制的“施工蓝图”。在制定课题研究方案时，不仅需要认真推敲课题的题目、研究背景、研究现状、理论基础、研究内容、研究目标、研究方法，还要仔细研究条件、程序步骤以及预期成果。在方案拟定后，为了保证研究方案的可行性，往往还应向同行或专家广泛征询意见，多方切磋。

然而在实际开展课题研究的过程中，很多中小学教师谨小慎微，过于依赖制定出一份完美的方案，乃至方案中只要存在一点不足就不敢付诸行动，导致很多想法和思路胎死腹中。课题研究重视研究方案是对的，但过于依赖就会走向反面、进入误区。因为对大多数中小学教师而言，研究问题和解决问题主要是通过一系列具体的教育教学实践来达成的，再完善的方案没有深入的实践，都只能是句空话，同样，哪怕方案还不尽完美，但只要进行了深入的实践，教师同样可以获得丰富的教育教学体验与思维启迪，成为自身专业成长的重要营养。所以，就完善方案与实践行动相比，中小学教师有目的、有方向地实践更为重要。还有一点非常值得注意的是：方案是一种行动预设，但在以实践为主的研究行动中，不可能所有行动都完美预设，因为实践中不断会有新的变化发生，这就促使研究者在实践和反思中不断调整和完善方案设计。因此，在笔者看来，与中小学教师实践者这一职业的特质相适应，中小学教师课题研究的方案设计不一定要非常完善，简约明了，具有可操性，能指导实践即可，把重点放在扎实的研究实践和行动上，在“方案—实践—反思—方案”的循环过程中实现方案的丰富和行动的达成。这种循环绝不是简单的重复，而是一种螺旋式上升的变化与发展。

例如：

2017 年，一位教师凭自己的研究成果《中学情思历史教学的建构与实践研究》获得了广东省教学成果特等奖。一开始，他对该研究的理论基础、研究现状、研究内容和目标，都没有明确的想法，只是源于对情境探究教学的喜爱，在课堂教学实践中带领几个年轻教师采用行动研究方法，进行历史情景探究教学的探索。大量的课堂教学实践使他积累了诸多思考与感悟，也收获不少成果，实践中课题研究的思路也愈来愈清晰。在大量的情景探究教学成功实践课例中，研究者慢慢凝聚出“情”和“思”这两个关键的课堂要素，于是在情景探究教学课题结题后，他立即制定方案，并确立了“情思历史”的实践和研究方向，开始对情思历史进行系统的研究和探索，情思历史课题方案中诸多不完善的内容也经过几年的研究实践渐进式地丰富和完善了起来。研究者历经十年实践，最终建构起比较成熟的情思历史的理论和实践体系，其成果也获得多项奖励。

可见，对于中小学教师而言，没有实践行动，再完美的方案，都是空中楼阁，反之，不完善的方案，只要付诸实践，都会有实践的感悟与思考、启发与教训，对教师的教育教学实践都具有丰富的启发意义。更关键的是，在实践过程中，随着研究的深入，教师可以及时完善和调整方案，推动研究走向进一步的深入。

在基于实践的研究中，方案可随实践的深入而不断完善。所以，基于实践的方案设计，当以简约为追求。简约不等于简单。简约，提倡的是基于中小学教师实践的特点，将方案做得有重点、有层次，逻辑清晰，具有可操作性。很多中小学的课题研究方案最大的问题是逻辑联系不紧密，导致可操作性不强，方案在实践中落不了地。产生这一情况的主要原因是方案中各项内容没有统一起来形成一个整体，而是将每一个板块割裂开来单独进行设计，导致方案中各部分之间联系不紧。如图 10–1 所示，在设计方案时，教师要从课题名称出发，在深刻理解课题名称的基础上，凝练出若干个突破点作为研究内容，然后界定每一个研究内容要到达的具体研究点，以形成研究目标。每一项内容的研究能采用什么研究方法，形成什么样的成果，分别交给谁来完成，什么时间完成……层层推导式设计确立板块内容，这样形成的方案虽简约但不简单，可操作性强。

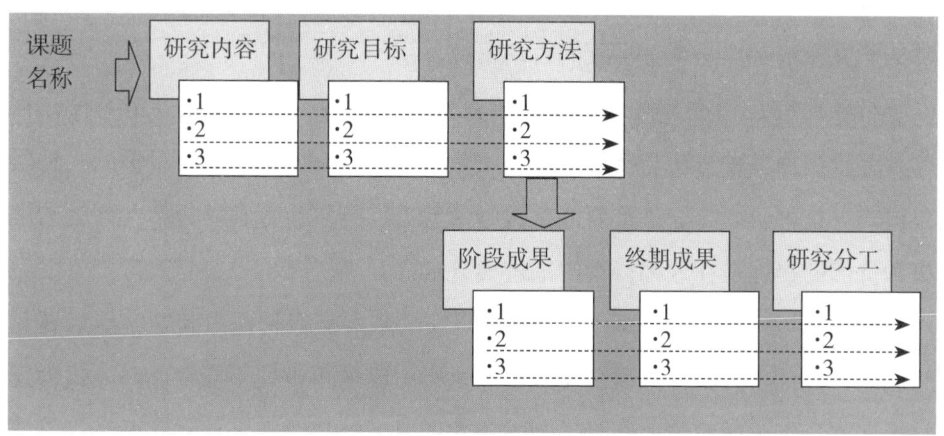

图 10–1　中小学课题研究方案设计流程

三、归真的行动

研究方法重在基于实践的行动研究。研究方法是指课题研究中用于解决问题而采用的策略和办法，一般包括文献研究法、问卷调查法、观察法、经验总结法、实验研究法、行为研究法、概念分析法、比较研究法等。课题研究方法的选择，往往受到具体的研究对象、研究内容的制约和影响。研究的过程，就是研究者运用方法解决问题的过程。方法不在多，要有用，用不到的方法在计划里不要写，用这个方法做什么，在计划里要简明地介绍。

现实中不少中小学教师对课题研究方法选择不慎，导致课题研究难于深入和持续下去。也有不少教师盲目堆砌方法，实际与方案脱节。比如，很多中小学教师在课题研究方案中都喜欢写上文献研究法，实际上根本没有进行过系统的文献的查找、收集、整理和提炼，仅仅通过网络进行一些搜索和查找。又比如，还有不少老师喜欢选择实验研究法，但连实验对象和对比对象都没有组建，在具体的研究中，更没办法对实验对象作深入的对比分析，实验得到的数据也无法进行科学的统计与分析。这些盲目选择方法的现象在中小学教师中普遍存在。

其实，对大多数中小学教师来说，由于受自身能力和工作条件所限，要进行严谨的文献研究和实验研究等要求很高的研究是非常困难的。中小学教师是做教育教学实践工作的，其做的研究是为实践服务的，因此最适合中小学教师的研究方法必然是基于实践的行动研究。

行动研究是指在自然、真实的教育教学环境中，教师按照一定的操作程序，综合运用多种方法与技术，以解决教育教学实际问题为首要目标的一种研究模式。这种研究方法最重要的是教师带着方向开展教育教学行动，问题的解决和价值的提炼是在这种行动中渐进实现的。

如图 10–2 所示，中小学教师课题研究的基本流程是提出问题，然后转化为课题，设计出方案，再通过实践反思进行方案的再设计，反复循环。这种反复循环不是简单的重复，而是一种螺旋式上升。经历若干个反复和循环后至研究结题，形成教育教学新认知。新的认知又回归到新的实践中指导实践。从课题研究的流程可见，整个研究聚焦实践，研究从实践中来，成果又到实践中去，"问题—行动—结果"始终围绕中小学教师的实践工作。所以，中小学教师课题研究的最重要的研究方法应是教育教学实践。

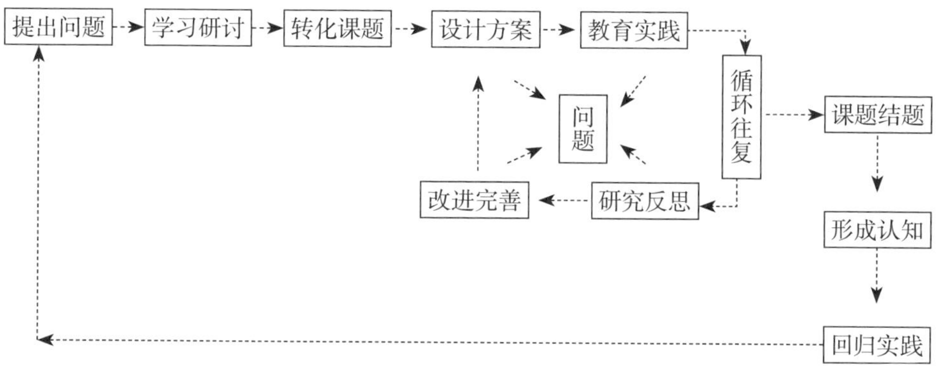

图 10-2 中小学教师课题研究的基本流程

总之，中小学教师的研究方法虽然有很多种，实验对比、问卷调查、文献分析等往往都会用到，但很多时候中小学教师受自己的理论水平和业务能力所限，在使用这些方法时，不能以大学教师的标准来要求他们，不现实也不可取，更不必要，因为他们是中小学教师，用中小学教师适合的方式来做研究，如实验对比、问卷调查、文献研究更符合他们的实际教学需求，同时也是他们能力范围内能做到的事。因此，在笔者看来，这些研究方法唯有变成一种基于实践的行动，才能适合中小学教师实际操作和运用，也就是说把行动研究法的重要性放大，把其他方法转变成一种具体的行动，如实验研究法转变为实验对比行动，问卷调查法转变为问卷分析行动，文献研究法转变为文献分析行动等等。这样把这些研究方法的操作难度降低，中小学教师就可以根据自己的方式来操作，最终有效满足中小学教师教育教学实践需要。

四、朴实的成果

成果凝练重在基于实践的品质提升。科研成果，就是完成一项科研实践和科研任务之后取得的结果和效果。中小学教师课题研究的成果要解决课题研究“从哪里来”“到哪里去”的问题。基于中小学教师实践者的工作特点，中小学教师课题研究的起点和归宿都应是教育教学实践。一方面，研究的问题要来自实践；另一方面，研究的成果又要回到教育教学实践中，去指导教育教学实践。与中小学教师工作的实践性特征相适应，朴实的研究成果理应包括两部分：

第一部分是基于实践过程的成果。中小学教师的研究成果关注的是研究的过程，重视的是教师在研究过程中的真实感受、真实想法，研究的主要目的是改进自我的教学实践而不是公开的展示。基于不同课题探索方向，每一次教育教学探索实践，都能给中小学教师带来新的体验、思考和启发。教师实践越扎实，方向性的实践积累就越厚实，教师获得的专业成长就会越有高度。所以，对中小学教师而言，每一次带着方向的实践，都有其实践的价值和意义。在课题实践和研究过程中，教师上的每一节课，每一个教学设计、教学课件、学生作业，每一次教学反思，每一个课题教研材料，都是过程性的成果，需要教师细心收集和用心整理。综合性研究成果都是由这些沙粒一样的实践成果累积出来的。

第二部分是基于实践结果的研究。在课题实践和研究过程中一些关键性的实践，比如一次课题公开课，由于公开课消耗了课题组大量的时间精力和教学智慧，其价值自然相对突显，这样的实践，因其不一般的内在价值与特点，我们不可浪费这种资源，应当积极提升这些成果的品质，使之物化为一种可以广泛交流与辐射的成果。

适切性课题研究要求教师从自身实际出发，从自己的工作实际出发，让课题研究返璞归真。璞，就是要回归问题本身，教育教学工作中有什么问题就研究什么问题，不作无病呻吟；真，就是要付诸行动，用自己的教育教学实践去探索问题和解决问题。一句话，中小学教师只要把研究的起点放低，放在适合自己成长的基准点上，然后用中小学教师适合的研究方式进行教育教学实践探索，就能探索出一片新天地。

第四部分 ◎ 教师适切性成长的案例

第十一章　教师成长的适切赋能感悟

著名教育家于漪说过，“一辈子做教师，一辈子学做教师”。教学无止境，赋能教师成长需要多维聚能。“他山之石，可以攻玉。”对于赋能成长，他山之石，可以是势，是力，也可以是智，但更重要的是，要有甘心为石的赤诚之心。聚能、赋能需要心中有人，目中有石，脚下方能有路。

第一节　蹲下为石，托举梦想

笔者（为行文顺畅，以下统称“我”）和许老师相识于2019年一次写作交流。许老师是惠州小学语文名师，课上得好，常常受邀面向全区展示课堂，口碑甚好，但是，她有一个不解心结，就是对撰写论文缺少感觉。说起教学论文，有人视之为“职称之事，虚荣之举”，不屑而为；有人视之为“教学负担，质量后腿”，不愿而为；我却更愿视之为教师生命成长的舞台，一种足以牵动教学相长的适切“武器”。许老师对论文撰写的观念改变，就源于2019年的那次与我的写作交流。那年暑假，我结识许老师，负责指导她完成写作体验。在我看来，教学论文不是一个概念，而是两个概念之和，首先是教学，然后才是论文。所以，此次体验分两步：以教导写和以写促教。概而言之，先完成教的体验，再续之于写的体验。从谋课到刊文，上课、录课、定题、设框、论述和琢文，竭尽所能。我们师徒俩并无谋面，靠的是微信沟通，于教于写，切实互生，惊喜不断。终了，生出生命蜕变的惊喜，“这次论文培训真正激发了我对写作的兴趣，我决心要把这些空白慢慢补回来，尤其是如何在语文课堂常规教学中做到创新和高效”，这是许老师在论文刊发后的肺腑之言。

有人开玩笑对我说：“感觉您写文章、琢文字就像呼吸一样自然。”其实，文字之功，其中滋味，唯有自知。文字之功，实则不止于文字。撰文如抽丝，常常要身心沉浸于深度思考状态，才能破茧成蝶。短则一天，长则数天，几番折腾，思维神经活跃难抑制，常有夜不能眠的痛，偶尔伴生肩周炎作恶。所以，我慢慢养成了一个习惯，家中常备些“救眠稻草”。常常经受一次“抽丝”之痛，就行一周“心舒”调理，如此才能让自己生活恢复如常。从学校发展中心主任到市、区教研员，16 年间我指导完成上百篇论文撰写，幸能为不少成长赋能。指导过的老师们都爱称我为“师父”，每每看到他或她因此点燃梦想，我便为能为他们的成长加油而快乐着。

任职教研员后，我常常问自己：如何才能更好地“成就别人，成长自己”？一次次成长赋能经历，让我越来越意识到为石的重要。所行之事，赋能与否，很多时候取决于是否把自己变成了石，而不是一座山，毕竟，更多的人一开始更愿意走的是路而不是山。所以，适切赋能更需要的是石的厚实，而不是山的巍峨。路走扎实了，筋肌强健了，攀山也就有足够的勇气和底气了。因此，对扶持成长之事，我常提醒自己“蹲下来的才是爱”，哪怕是山，蹲下为石，这样才能铺陈出生命勃发的阳光大道。蹲下为石，一要明他（她）是谁，要去哪里；二要研他（她）怎样去；三要想我怎么帮。然后，以托底思维，一点点、一步步托举其梦想成真。“成就别人，成长自己”的赋能实践，已让我习惯于把自己变成一块有温度的石。

第二节　借势而为，点燃生命

何谓“势”？孙子兵法云：“激水之疾，至于漂石者，势也。”湍急的流水，飞速前奔，冲走巨石，这是势的能量。势的生成，在于能量的旷久累积，在于规律的运行之合。万物生长皆有势，因势则生，逆势则溃。教师成长，“顺势而为、乘势而上”。势，即时机，即机遇，是教师生命成长的关键节点。赋能成长，莫不如“激水之疾”，需要有“借势而进、乘势而起”的智慧和胆识。把握教育发展的时代脉动，运势赋能，就能让教师生命舒展和勃发。

“突然被告知论文见刊……看到铅印的这篇文字，想起去年 6 月，白天高考评卷，晚上挑灯码字……总算没给陈教授丢脸。”2022 年 3 月，《高考语文试题的情思特征和教学融通路径——以 2021 年高考语文试题新高考 I 卷为例》一文见刊《语文月刊》，肖潇老师在朋友圈里的发文，寥寥几句，文字情真意切。类似的喜悦与感激，每年都有不少。细细数数，在惠州工作四年有余，赋能研究命题及高考备考，不同学科刊文不下 30 篇。每一次见刊都能点燃一段奋进的历程。黄敏丹老师在高考研究成果见刊并被中国人民大学复印报刊资料《中学外语教与学》全文转载后，说：“好在有师父逼一逼，给我任务和压力。”的确如此，很多蜕变式成长，往往都是逼出来的一次能量喷发。然而，在逼一逼的背后，离不开选择时机的智慧。抓住节点，时机对了，才能运势而行。面向高考、迎战高考，是高中老师共同的专业命题，也往往是他们工作的核心难题，他们都需要在迎战高考的过程中创生成长。所以，每年高考是他们教育生命重要的成长节点。抓住关键节点，就能取得“激水之疾”的动能。适切因势赋能，所举之事要不偏离、不异化，解决问题，又见效果，还见成果。如此，一位高中教师所持的奇思妙想——无论是论文演绎，还是课题申报，都会变得无可厚非，而不会沦为别人口中所谓不务正业的谈资。

成长之势，对于教师而言，大到国家教育变革、课程布新，小至校内课堂新政、教学新悟，都可变身为势，关键是要有赋能的敏锐，谋定即动，果断而行。“音乐教学，基于教学目标与教学过程的深度统一，唯有坚持基于课程目标的‘真学’为绳，让学生的音乐学习在‘情绪浸润、思维浸润和行动浸润’的融通统一环境中深入，才能有力助推学生的音乐学科素养整体发展。”这是谭京老师发表在 2022 年第 4 期《新课程评论》上的文章《“浸润式”教学：让音乐学习走向深度——以湘艺版音乐教材七年级上册〈生死不离〉歌唱教学为例》中的内容。在“五育并举”的立德树人时代，课程美育的教育脉动，内蕴课堂变革大势，谭京老师因势而成的“浸养养育”，赋能音乐教学向美前行。

所以，势是时机，是机遇，是我们走向未来的趋势。对我们而言，势并非遥不可及，教育生活之中，无处不在，无时不在，置身其间，关键是要开窍。开窍，有时像灵光乍现，有时像找对号码开对了锁，一触即发，绽放出来一抹美丽。赋能成长，就要助其分析时机，把握机遇，从时代大势到课程改革新势，再到成长实践节点，顺势而为，乘势而上，为成长注入动能。

第三节 借力而行，奋楫扬帆

古语云："智者，借力而行；慧者，运力而动。"意思明显：智慧的人，善于借助外力，寻求发展的依靠和帮助。自然景致的壮美，常假借于物。大海凭借重叠起伏的礁石，展现激昂澎湃的浪花云涌。流水依靠陡峭石壁，成就"飞流直下三千尺，疑是银河落九天"的壮丽美景。于物而言，借力至美，是一种巧妙；于人而言，借力而行，却是一种智慧。历史上，有无数因"借"成事的美谈，匡衡家徒四壁，借光夜读诗书，成为一代文人；蒲松龄，路口摆茶摊，搜索奇人异事，终成《聊斋志异》；李世民借名臣辅政，成就大唐盛世。借力成事，赋能成长，须在谋势之外，尽己能事，谋力之所在，助其奋楫扬帆。

陈靖老师在文章《非团队无以致远——我的情思成长之路》中写道："当我听到'情思历史'的概念时，我眼前一亮，心里不由一阵激动，这不正是我一直苦苦追寻的方向吗？我像疲惫的人找到了组织，原先的抑郁和迷茫一扫而空，瞬间感觉浑身充满了力量……进入情思历史团队，更快慰的是，一路走来，我变得更加自信，教学风格更加鲜明。有一位学生因为户口问题转学回了老家，不久给我发短信，说：曾经有一位优秀的历史老师在我面前，我却没有珍惜。老师，我多希望你能继续教我……"这不过是一个普通的案例，却折射出教师生命勃发的背后"因为有你"的哲学含义。"非团队无以致远"告诉我们，团队蕴藏着生命勃发的力量。有人说，"学生遇上好老师是一种幸运"。对老师而言，遇上向未来进发的团队，又何尝不是一种幸福？团队向前而行萌生的方向牵引、氛围感染和任务驱动，每一样都足以赋能致远。陈婷老师三十岁出头，荣誉等身。2016年她加入情思教育团队，开始教学的"寻人之旅"，一路经历，一路成长。短短几年，她获得全国、省、市教学比赛特等奖、一等奖、二等奖多次。因成绩突出，被授予市五一劳动奖章。正如张丽霞老师所说，借力情思“撬动我进步的支点，犹如一束光，指引着我前行的方向”。

回顾这些年，我从名师工作室到教育研究联盟，从情思历史到情思教育，再到现在的适切研究，坚持团队赋能，助力教师成长理念，粗略数，助力过的教师人数过百，涵盖多个学科、学段，大凡牵手者，都是持一颗向未来进发的心，抱着对成长的期待，又认可情思理念的知性行者。有人感触说，最好的借力是借团队之力。我想，这是因为团队借力演绎的是合力，是“你好我好大家好”的共赢式赋能。

2018 年我乍到广州市增城区，给增城中学历史科组注入学术型团队的发展理念。刘红影老师带领科组紧系学术型教师、学术型课堂和学术气质学生三个支点，多维发力，几年来，收获了不俗的成绩、成果和成长，在省内外颇有影响力。拿刘红影老师的话说，学术型团队给科组发展注入了灵魂和思想，带来了活水，让教师生命成长共振不息。

“借来一抹光，让自己美好；付出一点热，让他人温暖。”我想，这也许是对团队借力发力、合力成长最贴切的描述。在同一跑道上，成长有差异，走得更快、更远者，多是善于在同样的土壤、阳光、雨露中汲取自己成长所需之人。赋能青年教师的专业成长，除了激活其成长源动力，还应助其巧借他力。借力赋能，值得期许的做法是：凝练教育新理念，组一个团队，搭一个平台，让教师在“驾驶员”位置，奋楫扬帆，切实前行。

第四节　借智谋智，识行慧行

英国物理学家牛顿，借助伽利略的理论，建立起了牛顿力学体系，他曾说：“如果我看得比别人更远些，那是因为我站在了巨人的肩膀上。”我想，牛顿的成功不只是借力之故，更体现出巧妙借智的宝贵。智，就是智慧，借智谋智，就是借助别处的智慧发展自己的智慧。“以铜为镜，可以正衣冠；以史为镜，可以知兴替；以人为镜，可以明得失”，以铜为镜，借的是力，以史为镜和以人为镜，借的是智。赋能成长，就要拓宽成长的智慧之路，让教师有更多更好的智慧之源，相滋相补，借智强智。

“每一个学生都不会是完美的，正是这些不完美的小孩给了我们工作的意义，帮助他们规避或者降低误入迷途的可能性是我们努力的方向。每一天以饱满的热情对待工作和生活，把积极向上的情绪传递给学生，不再过多注重对琐碎事情的反复说教，而是把工作的重心转移到个体学生上去。我会积极观察某些特殊学生的衣食住行，悄悄提醒他们注意饮食种类的丰富，并对他们的进步提出合适、合理的表扬，促进这些学生内心正能量的成长，用此来约束他们不良情绪的滋生。”这是张伟涛老师在借智“情思德育”，将理论智慧融入自己德育实践之后所发出的成长之悟。

柔性德育强调德育工作旨在教人做人做事，即教人识行与慧行。借柔性德育的智慧，他开始更多地从人的角度思考学生的成长问题，从思之悟到日之行，终见其效。有人说：“学最好的别人，做最好的自己。”这就是借智谋智、识行慧行最好的诠释。然而，借智他人，需要心存谦虚，所以，我常提醒团队要习以“清零的状态”去接收、选择、吸收与内化外来的教育智慧，滋补自己的生命。

书籍是人类思想和智慧的宝藏，借智谋智，需要亲近书籍。近日，我组织教师共读《教育人学论纲》，感动了他们的成长收获。李健芳老师从“人的全面发展”出发，借智强智，丰富了美育认识，提出：“传统的美术课堂往往注重相对抽象的知识传授，很少与学生的现实生活相关联，这就需要美术学习目标在留白的同时与学生现实生活之间建立真实的联系，关注学生个性化、多样化的学习和发展需求。”陈萍老师共读此书借智成长，提出：“历史教育的终极追求是育人，应在‘求是’的基础上‘求应该’，追求正确的价值判断。初中情趣历史课堂应用历史知识联系现实，分析现实问题，实现历史的活学活用。”读书之重，有人比喻为“知识的海洋、力量的源泉、智慧的翅膀”。引领教师进行专业阅读，借书中智慧，赋能教育之行，足可以助其开启心门、点亮行灯。引领教师进行专业阅读，一要明确读什么，二要清晰怎样读，三是把握读怎样。

教师是一个让人尊敬的职业，选择了教师，就选择了做一个大写的人。然而，教育之道，永无止境。所以，选择了教师，同样，也意味着选择了付出爱和激情，且行且思，不断追求成长。赋能成长，无论是借势、借力还是借智，关键是助其实现“凝练一个方向，点燃一个梦想，生成一个支点”，让教师生命勃发。易楠老师在觅得“悦美美育”的发展理念后，由衷感叹道：“过去二十多年只是感觉在拼命做事，做了很多事，现在有了悦心的方向，感觉充满了激情，现在做每一件事都觉得很有意义。”

第十二章 教师理念成长案例

案例一：

“根语文”教学范式的建构与实施策略

肖潇 陈洪义

【摘要】“根语文”强调语文学科的根本任务是在语言文字学习的过程中注重发展学生的人文素养，以促进其全方位成长。这需要从育人的角度出发，培养学生的语言运用能力、文化自觉和跨文化交流能力，提升他们的审美情趣、思维能力和文化素养。“根语文”在实践中，需要分层次理解和应用其理念，并通过有效的“根阅读”“根思考”“根表达”，促进学生的“学”，最终达成语文培根铸魂的根本任务。

【关键词】根语文；语文教学；教学范式

“根语义”指的是高中语文教学中以立德树人为核心，以提升学生语文学科核心素养为根本任务，以《普通高中语文课程标准(2017年版2020年修订)》(以下简称“高中语文新课标”)为依据，以学生开展真实的语文学习实践活动为主线的一种教学范式。“根语文”立足于高中语文教学实践，融合了当代教育的基本理论，是一种集科学性与人文性于一体的教学范式，对指导高中语文教学具有指导意义和实践价值。

一、“根语文”的内涵性特征

美国语言学家萨丕尔在他的研究中指出：“语言是社会的工具，在文化活动中起决定性作用。”这一观点为“根语文”的定义提供了重要的理论依据。

语文作为一门以语言文字为主要学习内容的学科，其不仅是交流的工具，更承载着发展思维和实现文化传承的使命。

首先，从学科本位的视角看，“根语文”强调语言文字学习是语文的根本，也是学生基础学习和未来发展的重要支撑。深入理解和研究语言文字的内在逻辑和规律，能够使学生更好地掌握语言的规律与运用技巧，为未来的学习和职业生涯奠定坚实基础。这是“根语文”的第一层次，强调的是学科知识的学习和技能的培养。

其次，“根语文”更注重发展学生的人文素养。作为发展人类思维和实现文化传承的重要载体，语文学科的学习过程也是学生培养审美情趣、发展思维能力和提升文化素养的过程。通过学习语文，学生可以提高表达和交流的能力，还可以培养文化自觉、提高跨文化交流能力，成为具有全球化视野的公民。这是“根语文”的第二层次，强调的是人文素养的培养和视野的拓展。

再次，“根语文”的更深层次含义是促进学生的全方位成长。在这个不断变化的社会环境中，学生需要具备适应社会变化和发展所需的各项能力。“根语文”通过培养学生的人文素养和语言文字运用能力，提升学生综合素质，使学生更好地适应社会的发展需求。这是“根语文”的第三层次，强调的是学生全面素质和社会适应能力的提升。

总之，“根语文”以萨丕尔的理论为基点，不仅强调语文在语言文字学习中的重要性，注重掌握语言文字的本质技巧，更是从育人角度出发，致力于发展学生的人文素养和促进他们的全方位成长。这一理论框架不仅充实了“根语文”的教学理念，更为我们的教育实践提供了强有力的指导，具有学理性、层次性、逻辑性。

二、“根语文”提出的现实依据

（一）语文的目标定位偏失：功利化追求不利人文素养成长

当下的语文教育受社会风气的影响以及固有教育思维和样式的制约，“功利化”倾向明显，某种程度上来说，语文教育陷入一定发展困境。一方面，在课堂教学中，语文教师为达到短期内提升成绩的效果，往往重视语文的工具性，而忽视或忽略了其人文性，导致语文课堂教学失去了应该具备的形象性、生动性的特质，教学形式程式化、统一化，教学内容模式化、空心化。另一方面，在过去高中学校片面追求升学率的影响下，高一、高二基础年级的语文教学与高三趋同化，用大量的套题训练替代阅读教学，导致学生的阅读量小、阅读视野狭窄、阅读能力薄弱，不利于语文学科核心素养的养成。

（二）语文的内容处理局限：格式化处理不利于个性化学习

语文教学的载体是语言文字材料，在语文课程中，教材课文本身并不能等同于教学内容，这就要求教师在经过自主阅读之后，形成个体阅读体验的基础上对教材内容进一步提炼，以生成适合课堂教学内容的素材。在高中语文新课标实施后，基于提升学生核心素养的需求以及“大单元设计”“大概念统领”等教学理念的提出，课堂教学发生了一定变化。但从教学内容来看，一堂阅读课的教学往往仍由“知作者”“明背景”“理思路”“悟中心”等几个环节构成，语文课堂教学依然存在较大的趋同性。而学生之间由于生活经验与阅读经验的不同，对同一篇语言文字的材料的理解必然存在差异，格式化的课堂教学难以激活学生的体验，难以生成有益于深度学习的情境，不利于提高语文课堂教学效益。

（三）语文的教学组织缺位：教师主导不利学生主体性的发挥

语文学科具有综合性功能的特点决定了语文学习的主体应在实践中积累言语经验，发展思辨能力，提升审美鉴赏能力。高中语文新课标强调，要“坚持加强语文课程内容与学生成长的联系”，要“让学生多经历、体验各类启示性、陶冶性的语文学习活动”，“应着力在语文实践中培养学生的语言文字运用能力”[1]。由此可见，学生的语文学科素养一定是在实践中形成与提升的。但是，在新课标背景下，虽然不少语文课堂教学把学生的语文学习实践活动的开展放在了重要地位，但仍是形式大于内容，“热闹”的课堂背后是学生主体地位的弱化甚至缺失。学生若没有在真实的体验实践中进行语文学习，就无法融入个体的主观经验，难以与学习内容产生内在的生命的感应。

三、“根语文”运用的理论基础

认知主义学习理论、建构主义学习理论和行为主义理论，这三个理论内容与“根语文”的内容都存在密切的关联。

（一）认知主义学习理论

认知主义学习理论强调学习者通过感觉、知觉等心理过程获取信息，并主动对信息进行加工和解释，从而形成对事物的认知和理解。“根语文”强调语文作为语言文字学习的根本，需要关注学生的语言文字感知和理解过程。通过培养学生的语言运用能力，让他们能够更好地表达自己的思想和观点，并在此过程中不断提升自己的文化自觉和跨文化交流能力。认知主义学习理论可以帮助教师更好地理解学生的语言学习过程，指导教师设计更有效的教学策略，以促进学生的语言文字学习和人文素养的发展。

例如，在“根语文”的教学中，教师可以通过培养学生的阅读理解能力来应用认知主义学习理论。阅读是一个积极主动的信息加工过程，学生需要主动地对文本进行解码、释义和推理，从而理解文本所传达的意义。教师可以提供具有不同文体和主题的阅读材料，引导学生进行有针对性的阅读训练，以提高学生的阅读能力和文化素养。

（二）建构主义学习理论

建构主义学习理论认为学习是一个积极主动的建构过程，学习者是根据先前认知结构主动地和有选择性地知觉外在信息，建构当前事物的意义。在“根语文”的教学范式中，情境创设的过程就是知识建构的过程。教师通过让学生在真实的或模拟的情境中学习语言文字，培养学生的文化自觉和跨文化交流能力，从而达成语言建构与运用、思维发展与提升的学科核心素养能力的提升。

以建构主义学习理论为指导，在“根语文”教学中可以创设多种真实情境，如生活情境还原、联想叙述、问题解决等。这些情境可以帮助学生将所学知识与实际情境相结合，促进知识迁移和意义建构。例如，在学习古代诗词时，教师可以引导学生进入诗人所描绘的意境，让学生身临其境地感受诗人的情感和观点，从而更好地理解诗词的含义。此外，教师还可以组织小组讨论、合作学习和互动评价等教学活动，让学生在协作和交流中互相学习、共同进步，培养学生的团队合作精神和文化自觉意识。

（三）行为主义理论

行为主义理论重视练习和经验的作用，认为学习是由练习或经验引起的行为的相对持久的变化。“根语文”教学范式注重学生的语言文字练习和及时评价反馈，旨在让学生通过不断的练习和反思，掌握语言的内在逻辑和规律，提高语言运用能力和文化素养。

“根语文”教学明确了学习者的学习目标，把学生的学习行为与语文学习目标结合，同时设计多样化的语言文字练习，帮助学生加深对语言文字的理解和运用能力。同时，教师根据学生的练习情况和反馈信息进行有针对性的指导和纠正，以帮助学生更好地掌握语言的内在逻辑和规律，逐步有效地提升学生语文素养。

综上所述，认知主义学习理论、建构主义学习理论和行为主义理论这三个理论的内容与“根语文”的教学理念相互呼应，提供了理论支持和实践指导。通过理解这些理论，我们可以更好地应用“根语文”的教学范式培养学生的语言文字学习能力，提升与发展学生的人文素养，帮助他们成为具备综合素质的全面发展的人才。

四、“根语文”设计的基本思路

“根语文”以汉语语言文字为学习对象，强调语文的学习不仅是认知、思考外部世界与内部自我的过程，更是立德树人、培养学生道德品质和塑造人格的重要途径。“根语文”教学范式注重语文课程的语用性，即“语言建构与运用”，并强调在真实情境中开展语文学习实践活动，强调从语文学科的本质属性出发，通过多种素质的培养实现立德树人的根本任务。这一教学理念有助于提高语文学科的教学质量，培养具有全面素质、能适应社会变化和发展的人才。

（一）教学目标立根：以培养语用能力为起点，树立学生人文素养发展的目标

“根语文”的教学目标立根，强调在语文教学过程中，应深刻理解语文教学的根本任务，明确语文学科的育人目标，并将人文素养的发展作为重要育人目标。要实现这些目标，教师需要将语文学科的基础知识、基本技能与语文素养的培养作为重要任务，同时注重培养学生的道德品质和文化素养。语文教学中，“语言建构”是融入了阅读者主观意识与经验生活的新的语言生命意义的创生，“语言运用”是在语言建构的基础上对语言文字的直接表达与日常运用。“根语文”提倡在高中语文教学中以培养学生的语言建构与运用能力为起点，开展与人文素养发展目标相关联的教学活动。

首先，“根语文”着力培养学生的道德品质，通过语文教学，引导学生理解和尊重公正、诚实、勇气等基本道德原则，培养学生的道德判断力和批判思维，帮助学生成为有良好道德品质的公民。其次，“根语文”重在提高学生的文化素养和审美情趣，通过让学生阅读经典文学作品，了解多元文化，培养其对不同文化和艺术的欣赏能力和批判思维，帮助其成为有文化素养的人。再次，“根语文”强调培养学生的情感智商，引导学生学会自我管理、理解他人情感、妥善处理人际关系等，帮助学生成为具备共情心、同理心的人。最后，培养学生的创新思维和解决问题的能力也是“根语文”的重要任务。教师通过探究性学习、综合性学习等方式，培养学生的创新思维，帮助学生成长为能在生活中解决真实问题的人才。

综上所述，“根语文”的教学目标立根，需要深刻理解语文教学的根本任务，明确语文学科的育人目标，尤其需要注重人文素养的发展，并将基础知识、基本技能与语文素养的培养目标与人文素养的发展相融合，从而更好地实现语文教学的任务。

（二）情境任务扎根：以真实情境问题为载体，引领学生深入语文学习的思维路径

“根语文”教学范式中的情境任务扎根，是提倡以真实情境为教学载体，

引领学生深入语文学习的思维路径。这种情境化的教学策略不仅关注学科知识的传授，更注重学生的自主体验与实践，有助于学生在不同场景架构中将个人经验与学科逻辑联系起来，整合思维，进而发展水平思维。

情境任务扎根的核心在于真实。真实情境是指在学习过程中设置的具有鲜明的现实性和实践性的真实问题或任务，能激发学生的学习热情和求知欲，帮助学生将学科知识转化为实际技能，从而培养学生的问题解决能力和批判性思维。通过真实的情境任务，学生可以习得语用能力，实现听说读写的全面发展。同时，真实情境能引领学生关注社会、关注生活，培养学生的社会责任感和公民素养。在真实的情境中，学生通过自主探究、合作学习等方式亲身体验知识的生成过程，从实践中获得新的认知和感悟，发展创造力和实践能力。

“根语文”的真实情境设计应从学生的实际需求出发，在遵循相关性原则的前提下，依照语文学科特点，着力培养学生的综合语文能力和创新精神。首先，应结合学生的实际生活、兴趣爱好和已有知识设计情境，使任务更具现实意义和实践性。其次，任务的设计应由浅入深、由易到难，具备层次性，以逐步提升学生的思维能力和实践能力。再次，真实情境任务的设计应突出语文学科的特点，涵盖听说读写各个方面，以培养学生的综合语文能力，拓展学生的思维深度和广度。另外，情境任务的设计应还具备开放性，以促进学生个性化发展；教师应考虑如何给予学生及时、有效的反馈，并即时调整任务内容和难度，以更好地适应学生的学习需求。

综上所述，情境任务扎根的教学策略强调真实情境的创设，关注学生的自主体验与实践。在“根语文”教学范式中，情境任务扎根是引领学生深入语文学习思维路径的重要途径之一。任务的设计应具备相关性、层次性、语文性、开放性和反馈性等特点，以培养学生的综合语文能力和创新精神。

（三）教学过程培根：以体验式的学习为依托，促进学生综合素养整体发展

语文课程是一门强调语言文字运用、具有综合性与实践性的课程。语文

学习是生命个体借助自身的独特体验，理解和领悟语言文字中蕴含的生命形式的过程。因此，语文学习是一种主观化、个性化的主动行为。真实的语文学习应基于语文实践情境。语文教学应以课堂内外的体验式学习为依托，促进学生综合素养的整体发展。学生通过实践活动将语言文字运用与思维发展紧密结合，从而发展语言能力，积累思维方法，提升思维品质。

“根语文”教学范式提倡高中语文教学应以学生的语文实践为核心，积极创设真实的语文情境，让学生在实际运用中提升语用能力。学生通过自身的独特体验，理解和领悟语言文字中蕴含的文化内涵和价值观念，不断塑造和完善自我，在主动参与和亲身体验的过程中，获得知识和技能，实现自我成长和发展。体验式学习中的问题解决需要学生的主动探究和团队协作，以便培养学生主动解决问题的能力和合作精神，以及自主学习和终身学习的习惯。

总之，“根语文”的体验式学习不仅关注知识和技能的培养，更注重学生的成长意义和终身发展。通过多样化的实践活动和真实情境的创设，学生可以更好地理解知识的实际应用价值，培养自主性、主动性和合作性学习精神，提升自身综合素养和终身学习能力。这样的教学方式对于学生的个人成长和社会发展都具有重要意义。

五、“有根的课堂”的教学策略

语，即语言，强调语文的语言学习特点；文，即文化，强调文化传承的特点。所以，语文是语言特点和文化特点的和谐统一，即工具性与人文性的结合。语文教学需要实现学生语文学习中的知识结构、审美结构和伦理结构的协调发展。为完成这一根本任务，教师需用语言文字的“根阅读”（知识结构），实现以文化人的培根目标（审美结构、伦理结构），即用语言阅读的根方式，引思启悟，实现语文化人的培根目标。通过对“根语文”的基本内涵及其关系的解读，生成如下“有根的课堂”的实施路径图。

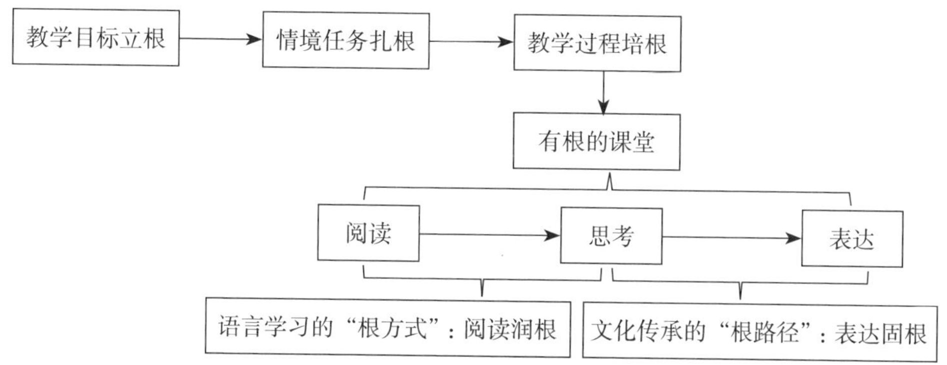

图 1　“根”语文的实施路径图解

（一）“根阅读”

语文教学的内容是语言文字材料，它天然具有丰富性与主观性的特点，师生在解读时也存在着多样化与个性化的理解。而当一个文本成为语文教学的内容时，这篇文本就不再只是供欣赏、品鉴的对象而是成为达成教师的教与学生的学之间的交互转化的媒介。

“根阅读”指的是扎根于阅读的载体，即语言文字本身，从一篇文本传达信息的形式，即言语智慧出发，上升到其所传达的信息本身的智慧，即情感价值，进而实现启智润心的培根目标的阅读方式。

笔者在听课调研过程中发现，当下高中语文课堂教学中，不少教师忽略了阅读教学所必需的扎根语言文字的起点，而直接跳跃到阅读教学的终点，这就背离了“根阅读”原则。例如，在部编版选择性必修上册第一单元的教学中，某教师采用了大单元设计的方式，以“走近英雄，致敬英雄”为主题统领单元教学，将教学目标设定为“让学生了解英雄人物的事迹，感受英雄人物的精神意志，学习英雄人物的崇高品质”，并设计表格让学生填写六篇课文中英雄人物的“优秀品质”“具体表现”“当下意义”。这样的阅读教学即便能使学生领悟英雄精神，也是通过生硬的灌输式教学而达成的，不符合语文课程以语言建构与运用为根本的特征，导致语文课堂教学的低效甚至负效。

而“有根的语文课堂”教学则是从语文的根出发，通过横向关联、纵向挖掘，从而达成语文教学的“根目标”。例如，在开展必修上册第七单元散文单元教学时，某教师以“自然情怀”为单元学习主题，将单元学习任务设定为“把握情景关系，鉴赏描写技巧，感受语言之美，体会情景交融、情理结合的特点”；在单元教学过程设计中，通过比较文本中“秋之景”“月之景”等的异同进行研读，通过联系文人与景物进行研习，进而把握景趣、理趣、情趣与文人的关系。不管在教学目标的预设，还是教学内容的选取上，该教师都是从对语言文字的把握出发，进而向纵深拓展，深挖文本内涵，使学生在课堂上从语言建构与运用中得到思维的建构、情感的浸润与生命的成长。

综上所述，“根阅读”是一种基于语言文字本身的深度阅读方式，其目的是通过对文本的深入理解和分析，培养学生的思维品质和审美鉴赏能力。在课堂教学实践中，教师应当注重引导学生主动探究文本内涵，通过多元化的教学方式和手段提高他们的思维品质和审美鉴赏能力。同时，教师也需要注意遵循“根阅读”的原则和方法，以确保教学的有效性。

（二）“根思考”

“根思考”是在阅读教学中，依据学生已有的思维认知水平，遵循思维发展规律，依照阅读教学原则，以发展思维能力为目标而开展的有层次的思维教学活动。长期以来，语文学界对语文性质的探讨集中于工具性与人文性，即语言的交际应用功能与文学的鉴赏审美作用，这就导致了语文教学中对语言背后的思维方式、文学作品中的思维逻辑和思维体验等关注不足[2]。

“根思考”的实施需要教师整合教学内容，使学生获得结构化知识，这就对教师设计真实情境的能力提出了更高的要求，要求学生开展真实的由浅入深的思考活动。例如，在开展必修下册第六单元《变形记》一课的教学时，某教师创设如下情境：某天清晨，你醒来后发现自己也变成了一只大甲虫，你的感受会和格里高尔类似吗？学生面对这个问题显得无所适从，回答更是脱离文本，甚至背离文本指向。这对于学生的思维发展不仅无用，甚至是负效的。

而“有根的语文课堂”则应是发展学生的分析、综合、评价和创造等高阶思维的课堂。例如，在教学《荷花淀》时，教师为了让学生深入体会文中人物心理，让学生用角色扮演的方式进行小剧场演出，演出之后评选出“最佳朗读者”。这一学习实践活动表面上看是围绕文本展开体验式的活动，但由于学生的生活经验与文本的差距，导致学生对文本的探究仍停留在浅表的感性认识层面。为了使这一实践活动充分发挥其价值，教师还需要为学生提供一些学习支架与方法指导，提前对“最佳”的评判依据制定出可观测、可执行的量表，用补写对话的方式发掘人物内心活动与外在言语的差异，进而让学生体会作品语言形式的美与意义，达到提升学生思维水平与审美鉴赏能力的目标。

具体来说，在开展“根思考”的过程中，教师需要遵循学生思维发展的规律，进行由浅入深、由简单到复杂、由具体到抽象的设计，以帮助学生逐步提高思维能力。在此过程中，教师应以教材文本为载体，将思维能力的培养寓于文本阅读之中；以学生为思考的主体，尊重学生的主体地位，引导学生主动思考、积极探究。“根思考”需要将多种教学方法和手段进行整合，以实现最佳的教学效果。教师作为“根思考”的引导者和实施者，需要不断提高自身的学科素养和教育教学能力，以更好地引导学生进行“根思考”。

（三）“根表达”

语文学习是一种亲历的过程，强调学生的主体参与和积极体验，最终目标是促进学生个体的成长。在这个过程中，表达成为学生成长的最直接、最明显的标志。而“根表达”则是一种有别于传统单一的“说”或“写”等表达方式的新型学习方式，它是以学生为主体，以提升语文学科素养为核心，通过综合性、整体性的语文学习实践来实现的。它以“写”为任务驱动，整合各种学习资源和方法，培养学生的语言运用能力、思维能力和审美鉴赏能力等素养。这种学习方式不仅可以提高学生的语文水平，还可以促进学生的全面发展。因此，“根表达”在语文学习中具有重要的意义。它不仅可以作为学生成长的外显标志，还可以帮助学生更好地理解和掌握文字知识，提高他们的表达能力和核心素养。同时，“根表达”还可以为学生提供更多的学习机会和资源，激发他们的学习兴趣和动力，促进他们的个性化发展和综合素质的提升。

例如，在教学《念奴娇·赤壁怀古》时，考虑到古代诗歌语言的陌生化特点，以及与学生生活存在较大距离，学生在深入理解主旨时可能存在困难，笔者创设情境，设置如下任务：学校文学社要编辑一本《古代诗文精选集》，作为编辑的你需要为《念奴娇·赤壁怀古》配图。请反复诵读这首词，自主查阅相关背景，给出你的配图方案（包括构图、背景、要素、色彩等），并结合文本阐述理由。通过这样的设计，学生需要开展真实的阅读，并在大任务的统领下进行语文学习实践，通过多样方式实现“根表达”。

在语文教学中，要创设各类真实的学习实践活动情境，包括生活实践情境、学习探索情境、文本情境，引导学生在开展学习活动的过程中参与个体的体验和感受，深入思考，从而进行有见地、有广度、有深度的独立表达。如：选取典型的时事评论进行阅读与鉴赏，揣摩和学习作者发表评论时的立场、观点及方法；组织班级辩论赛，围绕社会热点开展讨论和辩论，学习如何理性、有条理地表达自己的观点，学习如何有礼有节地展开驳论；围绕某一话题展开头脑风暴，在层层追问中加深对观点的理解。

“根表达”需遵循三个基本原则：一是以学生为主体，尊重学生的个性差异和需求，提倡多样化、个性化表达；二是以提升学科素养为核心，注重体现语文学科的基础性、实践性和人文性；三是注重整体性和综合性，不是单纯地强调写作或口语表达，而是将语文知识、技能和素养整合在一起，通过多种形式的语文学习活动，培养学生的综合素质。

总之，“根表达”是一种以学生的全面发展为目标的语文学习方式，强调学生的主体参与和积极体验，注重培养学生的学科核心素养和综合素质。教师在实施“根表达”的过程中，应遵循以上三个基本原则，以实现语文学习的价值和目标。

“根语文”作为一种新的教学范式，是以教学的对象，即学生的学作为起点，以语文课程的“根”，即语言建构与运用作为教学内容重构的基本点，在真实的情境中开展真实的学习，并通过有效的“根阅读”“根思考”“根表达”，促进学生的学，达成语文培根铸魂的根本任务。“根语文”教学范式符合语文课程的根本特征，符合语文学习及教育教学的基本规律，能使教师与学生在教学中形成生长场，并有效促进学生语文学科素养的发展。

参考文献：

[1] 中华人民共和国教育部.普通高中语文课程标准（2017年版2020年修订）[M]. 北京：人民教育出版社，2020：2-3.

[2] 杨飞，龙宝新."思维发展与提升"素养的考查及教学探究[J]. 基础教育课程，2023（4）：29-35.

案例二：

深度学习视域下音乐浸润式教学的实践探索

——以湘教版七年级上册《生死不离》歌唱教学为例

谭京

【摘要】深度学习以学习过程的深入性和学习效果的深刻性为课堂教学的核心追求，强调学习过程中学生学习的情感投入度、思维活跃度和行为专注度的交融统一[1]。为教学实现"学习为中心"提供了理论和方法支架。浸润作为一种行为状态，反映了行为的投入和专注程度。音乐教学是一门以听觉为基础的艺术，尤其需要以浸润的深学状态为追求。以深度学习为理念引领音乐浸润式教学，需要以课堂的"乐学""深思"和"善行"为方向，通过音乐学习的"情绪浸润、思维浸润和行动浸润"，融通渗透，共促学生音乐素养发展。

【关键词】深度学习；浸润式；音乐教学；湘教版教材

深度学习作为落实学生发展核心素养的"脚手架"[2]，要"以高级思维的发展和实际问题的解决为目标，以整个的知识为内容，积极主动、批判性学习新的知识和思想，并将它们融入原有的认知结构中，且能将已有的知识迁移到新的情境中"[3]。深度学习的三个关注点是：一是关注学生积极的课堂情绪和学习意识调动，二是关注学生以问题解决为基础的高阶思维培养，三是关注学生在新情境条件下的实践运用能力培养。

浸润式教学是教师将教学意图不显痕迹地渗透在预先设置的学习情境和学习实践中，让学生在沉浸式状态下渐悟学习，习得社会性知识，初步形成积极的社会性情感体验的教学方式。循序渐进的浸入和无痕迹的渗透是浸润式教学的特点。音乐浸润式教学课堂上，教师应以深度学习为理念，从学习情绪关注开始，导学入境，让学生渐次以“情绪浸润、思维浸润和行动浸润”沉浸状态渐悟学习，促进学生音乐学科素养发展。

一、音乐浸润式教学的主要特征

（一）“乐学”：浸润的情绪特征

学生积极主动的学习意识和情绪状态是深度学习实施的心理前提。所以，深度学习在教学中的运用需要以课堂“乐学”为端，营造积极心境。“乐”，文意有快乐、愉悦之意，是人脑积极情绪的反映。“乐学”情绪浸润状态，是深度学习在课堂学习中的外显表现。学生萌生积极课堂情绪的主要因素有两个：一是学习的心理预期满足，二是学习的心境适切。所谓心理预期满足，是指学习活动能够达到或超越自己对学习的主观预期，其愿望得到相应的满足，从而产生积极的情绪反应；而学习的心境适切，主要是借助课堂环境的合理调适，让学生放松心境，以舒适的状态学习。

音乐的学习过程是学生借助于音响作用于人的听觉，通过音响中隐含的音乐形象，引起其联想、想象，引发其情感共鸣，从而触动内心、浸润心灵。俄罗斯肖像画巨匠谢洛夫说过，音乐是灵魂的直接语言，音乐是一门人类以听和赏为基本方式进行情感表达和交流的形式，是一种具有强烈情绪感染力的艺术。音乐学习能否促进学生的感觉投入，往往是音乐学习从感觉到知觉再到认知与思维顺利发展的重要前提。感觉投入最直接的体现是学生在音乐学习中的情绪和意识表现为“乐学”状态。这就需要教师在教学中运用两个“脚手架”：一是适度的需要，即让学生产生相应的学习期待；二是适切的环境，即以环境、主题之间的意义连接，为学生营造积极的学习心境。

（二）“深思”：浸润的思维特征

深度学习以“高级思维的发展和实际问题的解决为目标”[4]。所以，为思维而教，让思维照亮课堂学习过程，是以深度学习为导向的学科教学的应然方向。教学如何抓住思维培养的核心，让学习者在问题解决的思维沉浸状态下深度体悟，这是课堂学习是否能触发学生“深思”的重点和关键。“深思”用于学科教学，主要描述课堂学习的思维活跃程度和思维深入程度。深度学习下的浸润式教学需要以思维浸润的“深思”作为教学重构的关键原则和核心依据。“问题是思维的起点”，让思维在浸润式课堂上真正发生，需要在学习问题的设计上做到以下两点：一是从课程深处出发，基于目标核心和内容中心有的放矢；二是遵循学生心智发展特点，以层次性问题链牵引学习思维渐进深入。

巴尔扎克说过：“打开一切科学的钥匙都毫无疑义地是问号。”音乐思维的深入，需要教师合情、合理搭建起深入学习的问题支架。深度学习理念下的音乐浸润式教学，需要教师在把握音乐课程目标和教材内容核心的基础上，着重围绕音乐元素中学生音乐学习的兴趣点、困惑点设问，围绕学生音乐学习的生成点、内容理解的关键点提问；以启发性问题引疑、启思和促行，在问题解决的过程中促进学生学科素养的提升。

（三）“善行”：浸润的行动特征

学生知识运用和创新能力的形成，离不开课堂学习的学科实践体验。深度学习强调，学习要将所学知识“融入原有的认知结构中，且能将已有的知识迁移到新的情境中”[5]。深度学习强调的这种知识实践与运用效果的取得，需要教师在教学中使用合情、合理的“脚手架”激发学生的积极心境并为其提供必要的技术帮助，让学生的学科实践行动在沉浸式状态下进行。笔者把学习行动浸润状态概述为“善行”。“善”即善于，有积极主动、熟练有效之意。它有态度上积极乐观，方法上准确高效的内涵元素。“善行”用于描述学科实践，是学生在深度学习过程中的应然行动特征。强调学科实践的行动需要保证学习者情绪积极，实践主动，行动方式准确、到位。

音乐学习中音乐想象力和音乐创新力的内化提升，主要依赖学生音乐实践的技能强化和创新运用的体验。让学生的音乐实践在“善行”浸润的状态下进行，是音乐教学实现“由知识掌握转化为能力突破”的核心要素。在音乐实践的体验中，“善行”的浸润状态的实现，需要教学相应的“脚手架”助行：一是成长意识。让学生认识实践的意义，提高实践行动的情绪。二是方法辅行。运用适当的学法指引，增强学生的实践行动力。

二、音乐浸润式教学的教学实施

深度学习是教育理念，也是教育方法。它以学习过程的深入性和学习效果的深刻性为教学核心追求。以深度学习为理念，引领音乐浸润式教学，需要教师合情、合理地创生具有“乐学”情绪感染力、“深思”思维牵引力和“善行”行动触发力的课堂之境，让学生以沉浸状态启悟和成长。

（一）主题渲染以引情

音乐教学之始，如何借力合情、合理的心境“脚手架”，引领学生进入“乐学”的浸润状态呢？音乐具有丰富的情感性，音乐教学是情感交流和心灵对话的艺术。歌唱教学中，歌唱技术是课程学习的基础任务，而精神活动与交流才是核心目标。基于音乐学科的此项属性和特点，歌唱教学在把握歌曲的情感内涵的基础上，要借力生动而深刻的主题渲染以引情，帮助学生产生不同程度的音乐学习预期，以实现“我要学”的“乐学”浸润状态。歌唱教学中使用主题渲染引情的操作有以下几个关键节点：

一是把握课程内容的立意，谋定情感渗透的支点。歌唱教学要教会学生唱好歌曲，但更重要的是要让学生感知这个音乐作品的意境和内涵，体验声音、情感结合的艺术，能真情地演唱。例如，在歌曲《生死不离》的教学中，笔者基于歌曲创作背景和歌曲大意，确立“众志成城，无惧灾难”的主题立意，借助感人的音视频或图文资源，营造情绪浸入的适切情境。

二是采用合适的情境方式，引导学生的情绪有序浸入。学生入境方式类型很多，有观赏展示、聆听感知、活动感悟等，关键是选择能触及学生心灵、引起情感共振的方式。《生死不离》基于“众志成城，无惧灾难”的教学立意，在情绪浸入的情境设计中，笔者先播放汶川地震发生、援助、赈灾的视频，同时，用沉重悲痛的语气语调进行汶川地震的相关事件的动情讲述，让学生真切感悟到汶川地震发生后，全国人民全力以赴、“一方有难、八方支援”的真实画面。在主题渲染以引情的过程中，孩子们都在偷偷地擦眼泪，小声地啜泣。笔者真切感受到他们内心的动容。在此基础上，笔者再以“教师真情牵引，拨动学生情绪”的方法，以情感触碰情感，实现情感的共鸣发展，较好地带动了学生音乐学习的“乐学”情绪。

音乐教育的对象是人，育人的核心是育德，育德就要抓住音乐学习的情感主线。歌唱教学主题渲染支架助推学生情绪提升、情感发展，需要坚持两个原则：一是切题性原则。情境支架是形，歌曲立意是质，形的设计与质的追求要统一，这样才能促进课堂教学的主旨深入。二是切生性原则。情绪浸入支架运用是否合理，是否能有效引情，需要充分考虑学生的认知发展水平与程度。

（二）联觉引疑以启思

深度学习强调为思维而教。歌唱教学中，学生思维的“深思”浸润状态的形成，要求课堂预留足够思维空间给学生，让学生内在的隐性心理积极投入学习中。歌唱教学如何借力合情、合理的共感“脚手架”，以联觉引疑方式引领学生进入“深思”的音乐学习状态呢？

一是创设共感平台，丰富感官刺激。音乐学科与别的学科不同，其思维形成与发展需要借助具体的音乐形式，需要从听觉、视觉入手，通过感官的刺激，让学生感受音律和节奏，体会其中的情感变化。在《生死不离》的教学实施中，笔者精选历年抗灾的感人图文，编辑小视频，歌曲和视频画面的组合形成共感的平台，让学生在听觉和视觉上同时得到感官刺激。

二是合理设疑引思，浸入问题探究。学生音乐的共感体验过程，需要以相应的学习问题为引线，以联觉的方式联通大脑的认知悟觉，这样才能促进学生的音乐思维发展。联觉作为心理学现象，强调感觉刺激带来不同感官的联动反应。联觉延伸、运用于音乐浸润式教学，是指教学通过听觉、视觉等不同感官刺激，再借助音乐学习的问题引线，牵引学生浸入音乐学习的思维活跃状态。

联觉引疑需要遵循适度性原则。适度性原则问题设置的两个方向：一是问题深度要适度，让学生有“跳一跳，摘桃子”的体验；二是问题的关注要全面，让每个学生都想说和能说。在《生死不离》教学中，在学生初听歌曲后设问:“现在大家闭上眼睛，回忆一下，你对哪一句旋律的印象最深？”学生的回答各有千秋，但他们都能有自己的思考和答案，这就是适度设问引思的积极效果。

联觉引疑还要遵行整体性与层次性原则。整体性就是把教学主题转化成统整性的教学问题，以问题任务的完成促进主题任务的达成，以此构成课堂教学的整体性思路。整体性问题的解决，需要依托层次性问题的递进深入。整体性与层次性之间的逻辑联系，体现了问题解决过程的循序渐进和由浅入深的特征。《生死不离》教学基于“众志成城，无惧灾难”的教学立意，笔者将之转化为“《生死不离》如何通过旋律的变化，体现众志成城、无惧灾难的情感意志”的问题任务，并顺此设计了两个关键问题。在学生初听歌曲后提问:“现在大家闭上眼睛，回忆一下，你对哪一句旋律的印象最深？”待学生再听歌曲后追问:“大家记住的都是不同的句子哦。为什么这个句子深深刻在你的脑海里了呢？”通过上述追问与启思，学生对这首作品的情绪和内涵理解得更加深刻和到位了，学生也在问题思考和思想交流中不断浸润着心灵。

问题孕育思维。音乐学习的思维浸润状态，需要在教学中以合理、合情的学习问题为“脚手架”，来牵引学生学习思维的顺利入境。音乐教学中，问题要想有效牵引学生的学习进入思维的浸润状态，则教学的引疑需要遵循适度性原则，以适度的思维张力，牵引学生学习探究。同时，要基于学生能力水平差异，以切近学生最近发展区的问题启思，助学生获得音乐思维浸润带来的收获感和成就感。

（三）致用实践以助行

“学以致用、知行合一”是学科教学转向学科教育的重要内容和方式路径，音乐学习同样须在教学之中坚持致用原则。歌唱是对歌曲的表现进行二度创作，也就是演唱者运用自己对歌词和旋律的理解，用恰当的技巧和情绪表现出来，并赋予歌曲新的内容[6]。歌唱教学要想让学生对音乐进行创新表达，需要在教学中巧妙运用“善行”的实践支架。

一是行动助力支架。行动助力侧重于合适的学习方法指导，帮助学生跨越从知识到实践之间的鸿沟，以助学生音乐实践有序深入。《生死不离》学唱实践中，笔者采取生生合作、学以致用的做法：学生先各自试唱曲谱旋律。接着请出试唱曲谱较好的同学组成 A 组，剩下的同学为 B 组。先由 A 组唱谱，B 组同步用“la”跟唱旋律。首次合作后，请 A 组同学对 B 组同学的演唱进行评价，然后再由 A 组同学分别辅导 B 组同学进行曲谱试唱。待 B 组同学对歌曲的旋律进一步熟悉和掌握后，A、B 组再进行一次合作。直到合作成功，A、B 组再交换角色。

二是情绪触发支架。在组织音乐实践过程中，实践活动形式设计要触发学生的音乐实践的趣味点。小组合作创编环节，笔者给小组合作的指令为：小组先进行讨论，确定自己小组用哪种形式进行创编。形式可以是小组唱、小组唱加乐器伴奏、歌伴舞、演唱加律动，还可以尝试用《生死不离》副歌旋律进行填词，把抗击新冠疫情的画面用歌词表达出来。

以上的歌唱和创编实践，通过创新和游戏化的方式，让学生浸润在角色转换和思维转换的学习体验中，让学生以所学音乐知识为基础，“投入情感地去诠释歌曲的旋律和内容”，实践自我的“表达音乐、表现音乐、创造音乐”，体验音乐实践的快乐。音乐实践能否在“善行”的行为浸润中成功，需要解决两个重要的心理前提：一是想行。要通过音乐载体创造感官的新异刺激，让学生有“乐学”的积极情绪。二是能行。通过适当的方法和技术支持，让学生有足够的实践创新的条件和基础，让创新实践与其最近发展区相贴近。

三、音乐浸润式教学的实践准绳

音乐浸润式教学必须以“真学”为绳。“真学”用于描述学生的课堂浸润学习，其内涵是指学生在浸润状态下的学习行为具有学习的真实性和正确性。此真实性和正确性是基于课程目标而言的。切近目标即为真，偏离目标即为假。“真学”是浸润式课堂学习中理念浸润的一种内隐表现，它不属于学习的目标范畴，只是完成课程目标采用的方式、方法和实现路径中所呈现的学习成效特征。所以，课堂学习的浸润理念需以有利于完成课程目标为追求。学习浸润行为如果远离或偏离了具体的学习目标，就失去了其应有的课程实践意义，而异化为“假学”之举。

就音乐学科教学的课程目标而言，学生之“学”存在的“假学失真”的现象，是指所行之“学”因背离或偏离课程目标，导致学习失效与低效，这种学习“失真”表现主要有二：一是课程目标不明确，学习缺少针对性。二是教学组织和实施策略不适切，教学存在越俎代庖行为。形成上述问题的原因主要是：以学生为主体的理念缺失，课程目标的意识不强，对课程内容的理解不深，教学研究的意识不足，等等。音乐学习理念浸润下的课堂“真学”，需要教师坚持以输出为本，以课程目标为绳，把音乐学科的核心素养发展要求转化成具体的学习任务，以明确的学习任务驱动和引领学生之学。

总之，深度学习下，音乐教学唯有坚持基于课程目标的“真学”，让学生的音乐学习在“情绪浸润、思维浸润和行动浸润”融合统一的环境中深入，才能有力助推学生音乐学科素养的整体发展。

备注：本文系广东省中小学“百千万人才培养工程”专项科研项目2021年度课题“‘共感’体验式学习在初中音乐课堂中的实践研究”（课题编号：BQW2021JCW030）和广东省中小学教师培训中心专项科研项目课题“实践为特征的教师适切性成长路径的实践与研究”（课题编号：A002）的阶段性研究成果。

参考文献：

[1] 陈洪义.情思教育的理论与方法[M].长春：东北师范大学出版社，2020：28.

[2] 刘月霞，郭华.深度学习：走向核心素养[M].北京：教育科学出版社，2018：11-29.

[3] 刘玉海，王思萌．深度学习是指向核心素养的学习 [J]. 教育，2019（19）：76.

[4] 刘玉海，王思萌．深度学习是指向核心素养的学习 [J]. 教育，2019（19）：76.

[5] 刘玉海，王思萌．深度学习是指向核心素养的学习 [J]. 教育，2019（19）：76.

[6] 彭渤．歌曲的演唱技巧与情感处理探析 [J]. 课程教育研究，2018（36）：271.

案例三：

音乐“悦心教学”的意识融通与教学路径探析

——以人音版七年级上册《军民大生产》歌唱教学为例

易楠 陈洪义

【摘要】基础教育课程改革为教育发展带来的理念挑战和思维冲击，要求教师回归教育本真，回归学科本质，在学科课堂教学的优教和增效上巧下功夫。音乐学科作为基础教育课程改革的重要组成部分，基于其美育育心的特殊价值，需要按照学生的学习成长规律，积极而为，促进目标意识、主体意识、心境意识和管理意识融通于教，优化音乐课堂学习中“加减乘除”的“算法”，实现课堂的优教增效。“悦心”音乐课堂以“悦学”为径，构建音乐课题意义化、音乐思维外显化、音乐理解生活化的策略，进而实现音乐课堂优教增效、音乐美育的“悦学悦美”，促进学生全面、健康成长。

【关键词】悦心教学；意识融通；教学路径；悦学悦美

基础教育课程改革为教育发展带来的理念挑战和思维冲击，要求教师回归教育本真，回归学科本质，在学科课堂教学的优教增效上巧下功夫。音乐学科作为基础教育课程改革重要组成部分，基于其美育育心的特殊价值，需要按照学生的学习成长规律，积极作为，实现目标意识、主体意识、心境意识和管理意识融通于教，优化音乐课堂学习中“加减乘除”的“算法”，实现课堂的优教增效，促进学生全面、健康成长。

一、意识融通：音乐教学的“加减乘除”

（一）目标意识：增强素养目标的整体意识

音乐，是一门以声音为载体的情感艺术，素有“流动的诗，无形的画”之美称。从以音乐声音为形的“诗”与“画”的学习体验中，音乐教学要促进学生音乐核心素养整体性发展。传统的音乐教学更多在审美感知的“听”、艺术表现的“唱”上下功夫、求成长，常常把音乐学习简化为“听”和“唱”的技能型教学，而对音乐学习的创新实践、精神熏陶、文化理解等方面缺少作为，造成音乐课堂学生的情思学习不足。学生对音乐学习的浅入浅出，造成音乐的课程育人功能尤其是育美育德功能发挥不足，不利于学生的全面、健康成长。

学科核心素养与三维目标相比较，其中一个重要的突破，就是学科核心素养不再是割裂和平行的目标体系，学科的核心素养各项内容之间相互联系、相生相依，是一个交互融通的整体性目标体系。徐赐成教授说：“有积极向上的意义获得，才是真正的获得！”所以，核心素养下的音乐课程教学需要教师有音乐课程教学的目标整体意识，把核心素养目标的培养当作一个整体，进行从宏观到微观的音乐教与学的建构。音乐是听觉的艺术，音乐教学要以音响为载体，把学生音乐学习的“审美感知素养、艺术表现素养、文化理解素养、创意实践素养”等诸核心素养融通成为一个整体性目标，在“听”“唱”“动”的知觉感知和技能训练的“明道”学习过程中，借助合理性学习支架，贯通一条让学生音乐情感、音乐思维和音乐创新表现等能力得到浸润发展的“暗道”学习。音乐学习，一明一暗，双线融汇，实现“为了音乐知识的教学”向“通过音乐知识的教学”的课堂教学转型，从而，促进学生音乐核心素养的整体性发展。

（二）主体意识：减少课堂的越俎代庖行为

课堂学习之中，学生获得知识和经验的方式，从与个体亲历实践的距离远近而言，主要有两种方式：一种是直接性学习，一种是间接性学习。这两种经验习得的方式，在课堂教学之中各有利弊。只有两种学习方式配合适当，才能实现学习提质增效的效果。直接性学习主要是借助学习中的情境活动，通过自身的体验、感知，获得相应知识和经验；间接性学习是通过聆听别人的知识讲解和传授，获得知识和经验。相比而言，学生通过直接性学习获得的知识和经验更深刻、更牢固；而间接性学习比较省时、省力，学生可以相对便捷的方式获得相应的知识和经验。课堂学习之中，学生是学习的主体，学生获得终身发展的素养才是学科教学的最终目标。所以，优质的课堂，需要重视发挥学生在课堂学习中的能动作用，在学生间接性学习的基础上，创设更多的直接性学习的环境和条件，减少课堂之中不必要的越俎代庖行为，让学生在学习的直接体验中习得更深刻和全面的素养发展。

音乐课堂教学中，学生学习主体地位的强化，需要注意两个方面的教学意识：一是要坚持学本意识。以学为本是以生为本的核心体现。学，即学习，对于课堂而言，学习是一个过程，由课堂学习之进到课堂学成之出。以学为本的教学意识要求坚持“教学评一致性”原则，把学生学习的深入状态和学习的实践效果作为过程性评价的目标追求，以教师的支架辅助和方法助力，帮助学生顺利完成音乐学习的任务。二是要坚持直接性学习的成长方式。音乐是一门以声音为基础的学科，音乐学习尤其需要从听、唱、奏、演、动等音乐感知体验为特点的直接性学习中发展音乐学科的素养。课堂环节是课堂教学保障，在有限的 40 多分钟的课堂里，只有教学环节适当，才能保障教学的效率。简化课堂流程，简约课堂操作，规避教学舍不得、等不及、放不下、闲不住等不当课堂行为，让学生有足够时间在直接性学习的音乐体验中成长，如此才能保证课堂真正成为学生成长的舞台。

（三）心境意识：添乘课堂学习的情感温度

课堂学习的心境意识，主要强调教学要重视学生在学习中的心理、心绪。心境不同，学习意志和学习主动的程度不同，学习效果也会有所差异。学生的内心世界都有一个非常灵敏的“温度计”，能够真实地感受到课堂的冷暖，课堂的温度是课堂学习中师生所共建并共享形成的情绪感受。用一句话概括，就是要关注学生课堂学习的情感温度，要关注不同情绪状态对学习的差异化影响。把表示物体的冷热程度的物理学名词“温度”运用到课堂学习中，实质上是强调课堂要回归本真，让课堂回归到学生生命成长的教学生态定位上。叶澜教授明确指出：“在一定意义上，教育是直面人的生命，通过人的生命、为了人的生命质量的提高而进行的社会活动，是以人为本的社会中最体现生命关怀的一种事业。”

音乐是以乐曲为基础、以声音为载体的听觉艺术。音乐学习中如何从听觉感知出发，把教材的“冰冷”曲谱变成“温暖”知识？这就需要教学建立知识与生命之间的意义联系，让知识学习触及学生内心柔软而敏感的神经。建立音乐学习中知识与生命的意义联系，主要有以下两种可行方式：一是情境支架提升温度。一句温暖的话、一个肯定的眼神，都能直接连接学生的生命成长，起到情感增温作用，教学要积极地以这种情境暗示的激励性评价关注学生的生命成长。合理的课堂学习情境的设置，能够贯通知识与主题之间的意义联系，形成发展性的学习践悟情境。学生置身于情境之中，会产生强烈的学习内生动力，这同样有助于音乐学习力的激发和学习增温。二是让音乐学习思维贯通音乐学习过程。让音乐学习成为学生基于问题的感知、探究、析理、生悟的思维发展过程，让学生浸润在未知领域的践悟感觉之中，保持活跃的思维状态，有利于实现音乐的意义化学习。

（四）管理意识：消除课堂学习的离学行为

离学，就是远离学习之意。离学行为是指课堂学习中学生偏离和远离学习方向的个体行为、举动。离学现象在不同学校不同班级里不同程度地存在。课堂之上，如果学生远离了学习的正确方向，教师的教学努力也就失去了应有的意义。所以，加强对课堂学习中学生离学行为的干预和管理，是保障每一个学习个体音乐学习前行发展的前提和基础。学生产生离学行为的原因很多，类型也不尽相同，归纳起来有几类：一是学习基础薄弱，学科兴趣不足；二是行为散漫，学习意志力不足；三是学习环境干扰，无法集中注意；四是教师课堂教学力薄弱，无法调动学生学习。课堂学习的离学现象往往是影响课堂整体效益的主要干扰和障碍。加强课堂中学生离学行为的干预和管理，就要针对离学行为的个性原因，因势利导，情、思、行多维干预。

音乐学习中，造成学生课堂离学现象还有一个普遍原因，就是长期以来，由于音乐学科作为非中考科目，学生在学习定位上存在观念的偏离和学习意识的缺乏。“在以往的教学活动中，音乐课程常被作为一类‘副科课程’或选修课程，尤其是在初中和高中的课程安排中，没有受到过重视。”[1] 当下的核心素养时代，关注人的全面、健康发展，音乐作为美育教育的核心内容，越来越成为学校健全素质教育的发力点，加强音乐学科对课堂学习离学行为的课堂管理，有利于音乐教育的美育功能的完整发挥。音乐课堂离学现象的解决，既要从提高音乐学习的兴趣入手，让学生爱学；也要从音乐学习的方法助力入手，让学生会学；还要从学习习惯和意志入手，让学生能学；更要从对音乐的认知、观念的深层意识入手，让学生明白音乐学习的生活意义和成长价值。归根到底，在音乐教学中，教师需要从理念到实践积极作为，要认识到音乐教学教的是人，而不是音乐，音乐只是实现课堂教人的途径与方式，唯此才能从人的发展角度，创新教学与课堂管理，促进学生全面、健康成长。

音乐教学通过强化目标意识、主体意识、心境意识和管理意识，完善教学的“加减乘除”，实现音乐课堂的提质增效，是音乐教师课堂优教的可行路径。然而，音乐课堂的“加减乘除”的优教实践，需要教学融通目标意识、主体意识、心境意识和管理意识，让课堂有温度、深度和宽度，形成以“悦学”为动力支点的立体化实施路径。

二、立体实施：“悦学悦美”音乐教学路径与策略

“悦”，是开心、愉悦之意。课堂教学中“悦学悦美”之“悦”有两层内涵：一是在音乐学习的外在特征上，具有开心、愉悦等学习情绪表现。音乐是一门以听觉等感觉为基础的学科，音乐学习首先要带给学生感官的兴奋与快乐。二是从音乐学习过程的内在心理体验来说，音乐学习带来的获得感、成就感等成长体验，让学习者内在心理得到满足，成为激发其“悦学”情绪的重要动力。音乐“悦学”既能给学生带来愉悦的学习情绪，又能帮助学生浸润于音乐体验，

发展音乐思维，是音乐优教增效的重要理念。音乐课堂以“悦学”为径，要实现音乐美育的“悦学悦美”，就需要教师在学生音乐学习的内外动力上下功夫，在音乐课堂重构中多维、立体发力。

（一）课堂温度：让音乐内容意义化

“温度”是一个物理学名词，运用到课堂学习之中，能给学生带来学习热情。能唤醒学生心灵的课堂都是有温度的课堂。音乐学习课堂温度的营造，一是需要教师通过生动活泼的音乐学习形式，让学生产生音乐学习的愉悦感；二是需要教师在课程内容与学生成长之间寻找意义，让音乐内容意义化。从心理学角度分析，事物间意义的存在，实质是事物之间的一种联系状态。寻找事物的存在意义，就要建立起事物之间的内在联系。有意义的教学，就要建立音乐学习内容与学习者生命成长的内在联系。教学的实质是以“联系和意义”唤醒和引领生命成长。音乐教学中“悦学”的内在动力就在于这种联系的真切意义。从音乐育人的适切角度，挖掘课堂内容与生命成长之间的意义联系，并让学生真切感受到这种联系性，实现音乐内容意义化，就能有效提升学生音乐课堂学习的温度。有温度的课堂，也能有效预防学生因学习意志不足导致的离学倾向。

《军民大生产》是人民音乐出版社七年级上册第五单元“劳动之歌”中的一首学唱歌曲。第五单元的重要学习目标就是认识劳动号子，体验劳动号子中“一领众和”“音乐节奏与劳动节奏紧相吻合”“坚实有力、粗犷豪迈”等风格特点，通过劳动号子的学习增进学生对我国民族音乐的喜爱之情。由于重体力劳动逐步被机械化作业代替，劳动号子也在逐渐减少，所以学生对劳动号子较为陌生。传递劳动号子包含的精神气质与领会其中蕴含的劳动智慧，就成为该单元音乐育人的适切角度。

劳动教育已成为一门必修课程，提升劳动意识、提高劳动能力、发展劳动智慧是学生重要的成长课题。为了进一步强化本课内容学习与学生成长的联系意义，笔者设计了以情境为抓手，以情感为纽带的教学方法，就课题意义进行情感提升。如导入部分，笔者娓娓道来：“有一种歌只要唱起来就浑身是劲，有一种歌只要唱起来就一呼百应，这些歌飘扬在田埂中，回荡在大山里，响彻在江海上，有劳动人民的地方就有这些美妙的歌……”在深沉而有温度的语境中，激起学生的学习欲望。之后让学生再观看劳动号子的视频。笔者选择了石工号子和盐井号子的片段，画面中有劳动者手挥四十多斤重的大锤，并同时唱着高亢、自由的曲调，在举起的大锤向下猛砸时，音色变得沉浊、雄浑。在富有冲击力的视频中，学生感受到劳动人民的巨大力量与智慧，教师凝练其音乐思想。“号子就是以其高昂而粗犷的音乐，朴实地表达了‘劳动人民是世界的创造者’这一伟大的思想。”[2]这种触及学生内在心灵的课题内容较好地提升了学生音乐学习的情绪温度，有利于课堂学习的深入。

（二）课堂深度：让音乐思维外显化

有学习深度的课堂，绝不是停留在知识教学上，而是有学习思维的碰撞和思绪飘扬。追求课堂的深度，就要培育“为思维而教”的课堂学习境界。学科核心素养的整体提升，往往也依赖于学科学习中思维的共生发展，而知识的深化、技能的强化、情感的丰富等，往往也凝结在学习形成的思维体系之中。“音乐思维是以声音为主要思维对象、以形象思维为主要思维方式、以音响结构及声态效应为主要思维结果的综合性思维形式。”可见，音乐思维是一种特殊的思维形式，它以形象思维为主，又兼具综合性思维的特征，它以音乐的听、唱、动、创等音乐实践为载体。学生主要是在以声音为基础的实践和体验中，启迪人生，感悟生命，发展思维。具有直观性和形象性特点的思维外显化做法，是激发学生音乐的生命体验、形成学生音乐思维的重要路径。

在学生学唱歌曲并了解歌曲音乐结构时，笔者运用身势、图形谱、画面对比等教学手段，层层递进、由浅入深地对音乐要素进行分析、探究，让学生感知四句式的一段体。首先，学生跟着教师随音乐做身势，身势的设计简单易学，契合歌曲的节拍、情绪、乐句等。学生化被动为主动，参与性提高。之后再分组进行乐句接龙，指引学生感知歌曲的四个乐句，在学生熟悉全曲后，组织学生进行讨论：歌曲的曲式结构是一段体还是二段体？（一段体由一个劳动场景的画面构成，二段体由劳动场景与休息场景两个画面构成）PPT 同时播放画面。《军民大生产》旋律图谱如图 1 所示。“能力只有在需要能力的活动中才能得到培养，素养也只有在需要素养的活动中才能形成。”[3] 事实证明，通过多元感知形式让学生音乐学习的思维外显化，大多数学生能够用身势准确地表现出四个乐句，判断出一段体结构，并能够运用自己的歌声来塑造热火朝天的音乐景象。让音乐思维外显化，需要创造适切的音乐活动，让学生动嘴、动手、动脑，启发思考。

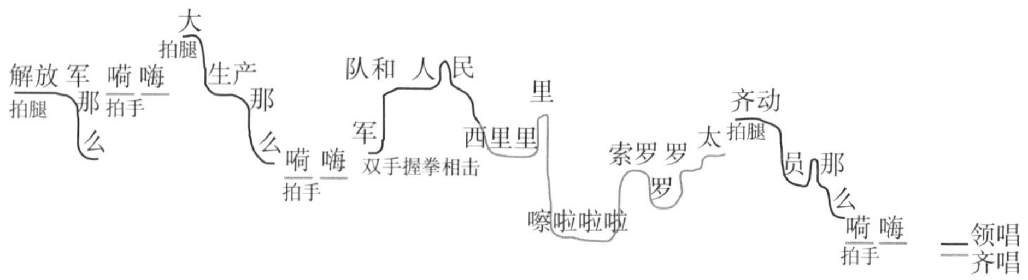

图 1 《军民大生产》旋律图谱

音乐思维外显化与音乐以形象思维为主的特点相互适应，课堂可以采用思维导图、音乐图谱、情境创设等可视化方式，或以音乐实践的活泼形式，将抽象复杂的音乐知识视觉化、形象化、活动化，助力学生以学思践悟的方式获得思维的深悟发展。这种思维发展模型是学生学科核心素养实现整体性发展的有力保障。

（三）课堂宽度：让音乐理解生活化

陶行知强调教育要“教学做合一”“为生活而教育”，他认为：教育来源于生活，生活是教育的中心，因而教学不能脱离生活。同理，音乐来源于生活，音乐中包括丰富的生活与情感元素，是作者生活理解与情感表达的载体。音乐教学细挖音乐知识中的生活元素，促进音乐学习认知、体验、创新与生活的统一，让音乐学习成为学生喜欢的一种生活，进而促进学生音乐学习的情思发展。实现音乐理解生活化，要注重音乐课程与学生生活经验的紧密相连，要在音乐和学生生活之间搭起一座桥梁。通过生活经验的音乐化、音乐问题的生活化等方式，将音乐知识转化成学生能理解的生活情境或音乐实践活动，让音乐知识呈现出生动的生活状态和鲜活的生命特征，丰富学生音乐学习的情感体验，拓展其想象力、创造力。音乐理解生活化，让学生基于个体的经验，在生活的体验中理解音乐，客观上也减少了教师课堂的越俎代庖行为，有利于凸显学生学习的主体地位。

歌曲《军民大生产》是由陇东民歌《推炒面》改编而来的，其最大的特点就是旋律多为四度、五度音程进行，起伏较大，并多为五声商调式。如何让学生在了解旋律进行方式的同时，又能感受陇东民歌的人文之美呢？笔者在教唱歌曲中设计了以下教学环节，以第三乐句为例：

教师：我们一起随动态的旋律线，视唱歌曲的旋律。

教师：大家能说说旋律有什么特点吗？

学生：旋律起伏大。

教师：我们常说艺术来源于生活，有谁知道陕北、甘肃这些地方有着怎样的地理环境？

学生：多为黄土高坡。

教师：老师将这条旋律线与黄土高坡图片相重叠，大家发现了什么？

学生：旋律线的起伏与黄土高坡的地形很像。

教师：正是因为生活在沟沟壑壑的黄土高坡，这里的人们才能唱出这么高亢有力、跌宕起伏的民歌。

教师：但是在如此艰难的环境下劳动，第三乐句却采用特别密集的节奏及诙谐的衬词“西里里里，嚓啦啦啦，索罗罗罗，太”，这表现出一种怎样的精神呢？

学生：苦中作乐、积极向上的精神。

教师：对。所以，这一句反而要唱得轻巧而有弹性，唱出积极乐观的情感。

再如，在体验歌曲《军民大生产》中“一领众和”“音乐节奏与劳动节奏紧相吻合”等艺术特点时，笔者试图从学生的生活经验出发，以学生熟悉的集体劳动创设情境，开展一边搬运物体一边感知律动的课堂活动，帮助学生获得审美体验。学生围成圆圈，教师也参与其中，大家推荐一位演唱有感染力的学生担任领唱，其他同学担任齐唱，结合前面所学的身势，在唱到“嗬嗨”的位置时，由原来的拍手改为向右边同学传递物品。师生在《军民大生产》的音乐中，团结协作完成了“搬运工作”，大家情不自禁鼓起掌来。学生体验到劳动的快乐，感受到劳动号子的独特魅力，对我们的民族民间音乐产生了喜爱之情。

结束语

“我国目前的中学的音乐教育正处于一个‘被边缘化’的状态，而核心素养这一观点的提出为此时音乐教育的发展指明了方向，抓住了核心。”[4] 基础教育课程改革对音乐艺术教育来说，是一个前所未有的发展机遇，学校教育加强音乐艺术教育将成为一个必然的、重要选项。然而，对音乐学科教学而言，重视课堂建设依然是一个不能忽视的课题。课堂需要真正让音乐美育走进学生生活，走进学生心灵，发挥音乐育美育德的功能。

音乐是一门以感知体验为基础的学科。“悦学悦美”作为一种“音乐本质”与“育人本位”相结合的教学主张，就是希望音乐教学站在学生发展的立场，从教学内容、教学方式、教学管理等方面进行优化，关注学生的音乐学习状态，提高音乐课堂学习品质，从学科本质视角解决学生学习的心理负担，促进学生音乐素养的全面、健康发展。

备注：本文系广东省中小学“百千万人才培养工程”专项科研项目 2021 年度课题“美育视野下初中戏剧课程的开发与实践研究”（课题编号：BQW2021JCW031）和广东省中小学教师培训中心专项科研项目课题“实践为特征的教师适切性成长路径的实践与研究”（课题编号：A002）的阶段性研究成果。

参考文献：

[1] 于彤 . 核心素养视野下的高中音乐课程改革推进策略 [J]. 北方音乐，2018（3）：130.

[2] 江明惇 . 汉族民歌概论 [M]. 上海：上海音乐出版社，1997：37.

[3] 蔡明生 . 基于核心素养的课堂教学研究 [M]. 哈尔滨：北方文艺出版社，2022：31−32.

[4] 王一钦 . 音乐核心素养的内涵 [J]. 北方音乐，2018（6）：253.

案例四：

以中国故事细搭高中英语融润育人的桥梁

——以高三英语单元复习教学为例

黄敏丹　陈洪义

【摘要】题中所言的“中国故事”是指用英语表达的中华优秀文化故事。把中国故事融入高中英语课堂，在教学中，基于情思育人的理念，引导学生选好、读好和行好中国故事，以境引情，以情诱思，以思促行。这种以中国故事细搭高中英语融润育人桥梁的实践，能有效提升英语课堂的思维张力，强化学生的情思渗透。

【关键词】情思育人；融润课堂；中国故事；英语单元复习

题中所言的“中国故事”是指用英语表达的中华优秀文化故事。2018 年出版的《普通高中英语课程标准（2017 年版）》（以下简称《课程标准》）指出，高中英语教学要开展英语实践活动，用英语给外国人介绍中国文化[1]。中国故事承载着中华优秀文化，在高中英语课堂中融入中国故事，搭起学科教学与德育融润的桥梁，本质上就是构建情思融润的课堂，即基于情思育人理念，把课堂外的优秀课程资源融入课堂内的学习之中，或者把课内的学习任务融入课堂外的项目学习体验中，以达到德育渗透的目的[2]。本文以高三英语单元复习教学为例，阐述中国故事的课堂演绎，展现高中英语“情思课堂”以境引情、以情诱思、以思促行的课程育人实践。

一、选好中国故事，以境引情

在高三英语单元复习课堂中融入中国故事，应该考虑到高三复习课的特点，适时、适度引入。高考一轮复习中，每单元的复习，除了有专门的传统语言知识复习的内容外，还应该重视挖掘单元语篇的主题和语篇文本所承载的价值，也就是说，往往需要另外开辟课时来处理后者的内容。此时便是以中国故事搭建育人桥梁的最佳时机，教师要选好中国故事，并把它适切融入学生的课堂学习中。具体而言，中国故事的选取应该遵循三大原则：主题关联原则、价值关联原则和质量优先原则。

（一）主题关联原则

主题关联原则是指基于教材单元语篇的主题，选择相同主题的中国故事语篇进行学习。这样可以让学生在一个宏观的情境下进行递进式学习，深化主题认知，提升学习效率。在复习人民教育出版社出版的普通高中课程标准实验教科书《英语》（以下简称 NSEFC）Book3 Unit1 时，笔者选取了“The Spring Festival”这篇文章融入课堂。在选取此文章前，笔者对该单元的主题进行了分析，得知 Book3 Unit1 的单元主题为“Festivals around the World”，其阅读语篇为“Festivals and Celebrations”，整个单元围绕着世界各地的节日介绍这一主题展开。根据主题关联原则，在选取中国故事时，笔者注意到语篇的主题也是对节日的介绍，即对中国节日的介绍，而笔者所选取的“The Spring Festival”一文在 The Spring Festival 这个大标题下，还有三个小标题：Legends，Activities，Festival Greetings。这三个小标题下的内容都是为了深入介绍春节而呈现的。因此，此语篇的选取，完全符合主题关联原则。

（二）价值关联原则

价值关联原则是指基于教材单元语篇所呈现的情感和价值，选择具有相同情感和价值的中国故事语篇进行学习。这样学生可以始终保持在统一的情感和价值下进行学习，使思维方向统一，提升学习效率。在复习 NSEFC 的 Book 3 Unit 4 时，通过分析得知，该单元主题为“Astronomy: the Science of the

Stars”，阅读语篇为“How Life Began on the Earth”。单元的中心话题是天文学，重点介绍了地球生命的起源。这个单元的话题很难遵从主题关联原则去选取中国故事，因此，要分析语篇所要呈现的核心价值，通过价值去关联中国故事。在该单元阅读语篇的最后一句，作者写道：“So whether life will continue on the earth for millions of years to come will depend on whether this problem can be solved.”这句话回应了单元的主题，透露出作者对地球上的人类命运的担忧，暗藏着要我们去探索其他星系的意思。于是，依照价值关联原则，在该单元的复习中，笔者选取了“The Space Engineering Program in China”这个语篇。考虑到高三复习课时间的制约，笔者在课堂中只选取了该语篇的总概部分进行教学。该部分总述了我国航天工程的发展历史和其中的历史人物以及一些探索工程的飞行器。此语篇还包含四个小标题：China's First Space Satellite，Tiangong Program，Chang'e 4 Lunar Probe，The First “Space Lesson”。此语篇详细叙述了我国在宇宙探索中所取得的成就，践行了价值关联原则。

（三）质量优先原则

质量优先原则是指选取中国故事时优先选择高质量的语篇。如果所选语篇的质量不高，将直接影响学生的学习效果，尤其是高三学生的学习质量，严重时，可能会有误导学生之嫌。因此，所选语篇必须谨慎，不能随随便便从网上或者其他非严肃性、非规范性的读物中选取。在上述的两个例子中，“The Spring Festival”和“The Space Engineering Program in China”这两个语篇分别选自《学英语 讲中国故事》（传统节日篇）和《学英语 讲中国故事》（科技成就篇）。该套读物由40余位英语教授和特级教师、高级教师倾力打造。其选取的某些中国故事时间较为接近当下，利于保障学生学习的时效性。该套读物紧扣新课标英语学科核心素养要求，是优质的英语读物。

每个单元都有它特定的主题语境，不仅为语言学习提供意义语境，还有机渗透着情感、态度和价值观。而每个单元的语篇文本又承载着上述的诸因素。因此，中国故事的融入，首先要从单元语篇和所选取的中国故事语篇两者的文本分析开始。两者的文本要主题关联、价值关联，中国故事语篇文本要选取优质文本。只有这样，中国故事才能为学生提供恰当的情境，引起他们的共鸣，激发他们的积极情感，实现以境引情；也才能搭起一座有用的桥梁，把德育有机融润到高中英语课堂学习之中。

二、读好中国故事，以情诱思

选好中国故事后，就要指导学生读好中国故事，其关键在于：要有效点燃学生英语学习的主题情感，还要有机诱发他们的课堂思维的深入。基于高三复习课的特点，融入中国故事的语篇文本是与原单元语篇融合在一节课中的，会受时间的限制。帮助学生理解语篇的设问和学习语篇的步骤一定要短小和精准，务求从宏观上让学生理解所选的中国故事背后承载的情感态度和价值观，发挥中国故事德育融润的桥梁作用。在此基础上，教师重点要借助和运用好两个支架：第一个支架是问题支架。通过精准的问题设计，撬动学生情感和思维的支点。第二个支架是联想支架。通过将中国故事中的情境与学生的生活有效联结，营造学生课堂情思萌动之源。

（一）问题支架

问题支架有两种类别，一类担负过渡的功能，另一类担负思考的功能。从教材的目标复习单元语篇转到中国故事语篇学习时，需要搭建具有过渡功能的问题支架。如在复习 NSEFC Book3 Unit1 时，完成对课文语篇的特点和主题意义的分析后，笔者提出两个问题让学生讨论：1.What are the legends of the spring festival in our country?2.What are the activities during the spring festival? 于是，学生便从阅读语篇“Festivals and Celebrations”过渡到中国故事语篇“The Spring Festival”了。两个语篇的主题同为节日，前者为世界各地的节日，后者为中国的节日。从前者到后者的学习，就像是一个镜头聚焦的过程，这个聚焦的过程就是通过搭建具有过渡功能的问题支架完成的。然而，聚焦后还需要对“The Spring Festival”进行深入的分析与思考，这便需要搭建具有思考功能的问题支架。如在学习中国故事语篇“The Space Engineering Program in China”时，笔者提出四个问题帮助学生理解语篇：1.What is the first man-made satellite in China? 2. What are the three steps of China Manned Space Engineering Program? 3.What are the space engineering devices mentioned in the text in different steps? 4.Some heroes are mentioned in the text. What are they? 这些问题支架始终围绕着目标文本的脉络而搭建。学生在思考后完成问题的解答，便能够较为清晰地理解目标文本的内容与脉络。

（二）联想支架

如果说问题支架用来帮助学生带着情感主动思考语篇，即用以撬动学生情感和思维的支点，那么，联想支架就是让学生带着情感去思考现实，即连接情境与生活的支架。如在中国故事语篇“The Spring Festival”的学习中，笔者在完成问题支架的搭建后，又搭建了一个联想支架，即抛出一个问题：What do we Chinese people pay most attention to during the Spring Festival? 通过此联想支架，引导学生结合现实思考文本的价值和学习我国优秀的“以人为本”的人文文化。又如在学习中国故事语篇“The Space Engineering Program in China”时，笔者也搭建了一个联想支架，提出了一个问题：What do you feel after your reading the text? 该联想支架让学生进一步思考文本的情感价值，使他们为祖国在航天方面取得的成就而骄傲，并尊敬我们的航天英雄们。

无论是问题支架的搭建还是联想支架的搭建，目标都是一致的，都是帮助学生深入理解中国故事，并能在中国故事这个情境下，思考并吸收中国的优秀文化所承载的内涵与价值，实现以情诱思，同时让中国故事真正成为高中英语融润育人的桥梁。

三、行好中国故事，以思促行

情与思的课堂渗透，最终是为了学生的德育尚行，让学生真正做到知行合一。在学习中国故事后，必须设计任务来践行和强化学生关于行的落实，让学生知而后行，演绎好中国故事。如果说读好中国故事是课程育人的输入，那么，行好中国故事中的精神实质，就是课程育人的输出。只有强化输出的路径，才能使学生在阅读中国故事时萌发的情思内化成素养。基于高三单元复习课的特点，设计与高考现场连接的写作型输出任务，把情思输出的强化放置在高考备考的关注点上，能为学生行好中国故事提供情思融入的精准入口。写作任务的设计围绕着两个原则：重现内容原则和呈现观点原则。

（一）重现内容原则

重现内容原则是指题目设计基于重现目标语篇的内容进行，旨在巩固学生对目标语篇的理解，通过书面表达的形式，把从语篇所得的情与思内化成素养。如在上述中国故事语篇“The Spring Festival”的学习后，笔者设计了如下写作任务：

假定你是李华，你的同学 Mike 打算今年春节留在中国过年，他很想感受一下中国的春节气氛。得知这个消息后你非常高兴，并写信邀请他来你家做客。

写作内容：1. 写信目的；2. 表示欢迎；3. 介绍中国春节的活动。

注意事项：字数不限，可以适当增加细节，以使行文连贯。开头和结尾已为你写好。

Dear Mike,

____

____

Yours,

Li Hua

为了完成此写作任务，学生必须对此语篇进行更深入的阅读和思考，尤其是语篇中的重点部分，即关于“Activities”的描述。通过课后的深读，学生对放鞭炮、吃团圆饭、看春晚等春节活动有更深入的理解，从而认可和接受这些活动背后所承载的文化和价值，并通过写作，把这些内容内化成素养，通过行表现出来。

（二）呈现观点原则

呈现观点原则是指题目设计基于呈现对目标语篇内容的评价或感受而进行，旨在提升学生对目标语篇的思维层次，并通过书面表达的形式，把所得的情与思内化成素养。如在上述中国故事语篇“The Space Engineering Program in China”的学习后，笔者设计了如下写作任务：

假定你是李华，在英国某中学做交流生。你的同学对中国的航天故事很感兴趣，特请你用英语写一篇发言稿，介绍中国的航天故事。要点如下：

1. 中国的航天英雄；

2. 中国的航天历史；

3. 谈谈你阅读中国航天故事后的感受。

注意：

1. 词数不限；

2. 可以适当增加细节，以使行文连贯；

3. 开头语和结束语已为你写好。

Hello, everyone. I feel greatly honored to be here to tell you something about ...

____

____

Thank you for your listening!

为了完成此写作任务，学生除了要对语篇进行反复深入的阅读和思考以重现语篇内容外，还需要谈谈自己的读后感受。这在思维水平的要求上又提升了一个层次。

这些写作任务的设计，结合了高考的考查特点，训练了学生的应用文写作技能。考虑到是平时的训练，笔者又提供了充足的文本让学生阅读，因此，在设计任务时没有限定写作字数，鼓励学生多写。随着写作任务的完成，学生对于中国故事的理解更加深刻，也践行着讲述中国故事的行为。任务的设计可以监督和落实学生的课外学习，强化学生对行的落实，让以中国故事搭起的德育融润桥梁从课内延伸到课外，充分发挥它的育人功能。

结语

总而言之，以中国故事细搭高中英语德育融润的育人桥梁，既符合新课程标准的要求，又能有效地帮助学生迎战高考，达到育人与提分的统一，有助于英语课堂落实立德树人根本任务。以中国故事细搭高中英语德育融润的育人桥梁，把中国故事融入高中英语情思融润课堂，既要指导学生选好中国故事，还要帮助学生读好中国故事，更要促进他们行好中国故事。基于主题关联、价值关联和质量优先三大原则选取的中国故事，能实现以境引情，激起学生的阅读兴趣。为学生搭建问题支架和联想支架能实现以情诱思，从而更好地帮助学生读好中国故事。基于重现内容和呈现观点两大原则设计的写作任务能实现以思促行，促进学生行好中国故事。

备注：本文是广州市教育科学规划 2020 年度课题“情思育人理念下高中融润英语的实践研究”（课题编号：202012624）的阶段性研究成果。

参考文献：

[1] 中华人民共和国教育部 . 普通高中英语课程标准：2017 年版 [M]. 北京：人民教育出版社，2018：115.

[2] 陈洪义，韦霞 . 情思课程的操作与案例 [M]. 北京：中国言实出版社，2020：24-25.